人·城·伟业

——扬·盖尔传

人 · 城 · 伟业

——扬 · 盖尔传

［澳］安妮 · 麦坦　彼得 · 纽曼　著
徐哲文　译

中国建筑工业出版社

著作权合同登记图字：01-2017-8055号

图书在版编目（CIP）数据

人·城·伟业——扬·盖尔传／[澳] 安妮·麦坦，[澳] 彼得·纽曼著；徐哲文译．—北京：中国建筑工业出版社，2018.2
ISBN 978-7-112-21736-6

Ⅰ.①人… Ⅱ.①安… ②彼… ③徐… Ⅲ.①扬·盖尔－传记
Ⅳ.①K835.346.16

中国版本图书馆CIP数据核字（2018）第002261号

People Cities: The Life and Legacy of Jan Gehl/Annie Matan, Peter Newman/Island Press,
ISBN-13 978-1610917148

责任编辑：董苏华　孙书妍
责任校对：张　颖

人·城·伟业
——扬·盖尔传
[澳] 安妮·麦坦　彼得·纽曼　著
徐哲文　译
*
中国建筑工业出版社出版、发行（北京海淀三里河路9号）
各地新华书店、建筑书店经销
北京锋尚制版有限公司制版
北京方嘉彩色印刷有限责任公司印刷
*
开本：880×1230毫米　1/16　印张：12　字数：277千字
2018年3月第一版　2018年3月第一次印刷
定价：118.00元
ISBN 978－7－112－21736－6
（31201）

目录

序　恩里克·佩尼亚洛萨　vi

前言　viii

第 1 章　人性化维度　1

第 2 章　让人变得可见　9

第 3 章　理念传播　27

第 4 章　哥本哈根是个实验室　47

第 5 章　转变思维定式　71

第 6 章　改变城市　103

第 7 章　继续向前　151

小传、获奖与荣誉、参考文献、插图说明、

注释　163

附录　178

序

恩里克·佩尼亚洛萨（Enrigue Peñalosa），
哥伦比亚波哥大市市长（1998—2001 年，以及从 2015 年至今任职）

当我 1998 年首次被选为波哥大市长时，我最花心思的有两件事：一是改变步行道上停汽车的现象，二是创造一个总长几百公里的路网，供自行车安全通行。这简直无比困难。几十年来，步行道上（或者说，本该是步行道的地方）一直停着汽车。这座城市里没有哪怕一个街区，能让乘坐轮椅的人经由步行道从一个街角走到另一个街角。

讨论自行车道的重要性就更难了。当时，在美洲的任何城市主干道都没有自行车道，就连巴黎、马德里这样的欧洲城市也是如此。

但是我们当然听说过荷兰很多城市，以及哥本哈根的情况。我们从荷兰的一个非政府机构那里得到了支持，为波哥大居民创造了安全交通的城市环境。而且，我一有机会就立刻前往哥本哈根，亲自考察那里的自行车道及步行道基础设施。

一次，我在哥本哈根问当地的规划师："要想看一些城市规划著作，强调步行空间和自行车交通的，我该买哪个作者的书?""我应该拜访哪位规划师?"他们推荐了扬·盖尔和他的著作《交往与空间》（Life Between Buildings）*。

我迷上了这本书。我的直觉和愿景总算找到了后盾。这时发生了一件奇妙的事情：扬·盖尔的女儿迁居到波哥大，为一家非政府机构工作。这就让扬·盖尔能够不止一次到波哥大旅行。我们带他参观了新近建成的自行车路网和绿道，并做了若干次演示。

我发现，哪怕在城市规划事务之外，扬·盖尔也是一个奇妙的人，他对每个人都亲切热忱，具有了不起的幽默感，跟朋友们在一起时，他甚至还是一个妙趣横生的音乐家，善于演奏长号。显而易见，他在人性城市方面的工作成就是源自他本人的实际生活、享受生活的态度：说到底，他想创造的是那种更快乐、让居住者感到更有趣味的城市。

扬·盖尔和我成了朋友。我们在很多地方会面，我也成了世界各地大力宣传扬·盖尔理念的众多人士中的一员。

在他直接参与咨询的项目之外，扬·盖尔还对全世界数百个城市的规划产生过影响，他使这些城市变得更人性，更快乐。能够结识他、师从他、体验他的非凡人格，这令我满怀感激。

* 《交往与空间》一书第 4 版中译本由中国建筑工业出版社在 2002 年 10 月出版，此书名直译为《生活在建筑中间》，似与本传记内容更为贴切。——译者注

2003年11月，波哥大市，扬·盖尔和恩里克·佩尼亚洛萨一起检验新建成的自行车道。扬·盖尔当时膝盖有伤，所以好客的主人带来了一辆人力三轮车供他康复之用。

前言

安妮的故事

2007年，我刚刚回到珀斯，此前我在美国学习、工作了6年。我很希望继续进行自己在“可步行性”（walkability）及城市设计方面的研究，尤其是想考察人与建成环境之间的关系，了解为什么我们还在不停地创造大家都不喜欢的那些城市空间。通过研究，我接触到了扬·盖尔的工作，在西澳大利亚州的弗里曼特尔市中心进行了一次扬·盖尔风格的“公共空间－公共生活”调研。这次研究促使我承担更多工作。幸运的是，扬·盖尔亲自评审了我的成果，在2008年初他访问珀斯时，我通过彼得·纽曼引荐了自己。扬·盖尔提到，比吉特·斯娃若（Birgitte Svarre）正在写一本关于公共生活研究方法论的书，可能需要助手。

于是，简直快得连我自己都还没明白是怎么回事，我就登上了去哥本哈根的飞机。我在盖尔建筑师事务所与扬·盖尔、比吉特·斯娃若以及其他人一起共事了3个月。与此同时，我还在哥本哈根的城市中亲身体验、生活，深感这是一个把公共空间与人们对空间的享受放在首位的城市。这是一种改变人生的体验。

回到珀斯，在从机场回家的路上，我突然觉得为什么四周事物都移动得太快——这时我才想到，自己有3个月没乘坐汽车了。世事如白驹过隙。2008年我在哥本哈根以及珀斯与扬·盖尔、安娜·莫丁（Anna Modin）以及盖尔建筑师事务所的团队一起工作，开展了15年来第二次珀斯公共空间－公共生活调查。我制订了调查方案，并与珀斯市政府、规划与基础设施局以及科廷大学（及默多克大学）沟通协调，一起实施了调查。花费很多小时，观察城市街道是如何运转，这当然是一件让人大开眼界的事儿。而观察扬·盖尔同样令人大开眼界。

调查报告在2009年发布，扬·盖尔回到珀斯，受到了媒体的广泛关注，参与了一些重量级公共活动，这一切他都优雅而幽默地泰然处之。这个项目为未来十年本城的变革打下了基础。在街道生活方面，今天的珀斯与当年迥然不同。任何了解珀斯超过10年或20年的人，都会认为新的珀斯市中心区域比原先好得太多。但是很少有人知道扬·盖尔对这个变化所起的作用。

本书重点呈现了扬·盖尔在世界各地城市的人性化变革中扮演的重要角色，而在欧洲之外的城市中，故事恰恰要从珀斯讲起。

彼得的故事

我是珀斯人。这个城市不曾以城市设计理论或实践方面的重要贡献著称，而它长年遵从现代主义的规划原则，这倒是形成了一个传统。在英语国家中，珀斯是第一个邀请扬·盖尔前来帮助改造市中心的城市。我会讲讲这件事的由来。

1976 年，我入选弗里曼特尔市议会。弗里曼特尔在历史上就是珀斯都市区的一部分，其 19 世纪维多利亚女王时期和乔治王朝时期的港口城市建筑风格具有鲜明特点。我们这一届市议会决定采取一系列原则，尊重老城的建筑、街道，乃至整个步行城区的建筑肌理。我们一步步摸索未来的发展方向，让开发商、贸易商、商业领袖以及各领域专业人士都认识到这些做法确实可取、可行，因而最终取得了成功。

事后想来，我们的工作其实从属于建筑设计行业解构现代主义城市规划的运动潮流，在这个工程中只有很少几位专家伸出了援手。扬·盖尔就是其中一位。

1977 年，我在墨尔本读到了扬·盖尔一年前发表的小册子《住宅区域中的公共区域与私有区域间的交界面》(The Interface Between Public and Private Territores in Residential Areas)。这项研究基于澳大利亚的城郊街区，强调了街道与住宅前门之间半公共区域的重要性。扬·盖尔观察到，半公共空间促进了邻里往来，而在现代主义风格规划的市郊，住宅则距街面太远，人们在自己家前门附近没法与街上的行人攀谈，只能开车进入车库，然后消失在房子里。此外，在旧式市郊规划中允许建造大型砖砌围墙，这样就产生了越来越多小门小户的密闭空间，这一点也在该书中受到批评。弗里曼特尔市议会已经开始批准建造这种砖墙了，所以我向议会提交了一项议案，按照扬·盖尔书中的建议，要求住宅前的砖墙不能高于成人斜倚的高度。议案通过了，一直延续至今。

扬·盖尔那个小册子让我印象最深的是，他在确定政策之前总是充分观察居民使用空间的方式，而他为城市规划制定的各项原则从根本上说都是优秀的。对于旧城肌理运转良好的方面——汇聚居民，创造出合理的且符合环保需求的空间使用方式——他力求充分尊重。作为市议员，后来又作为一个学术人，我对创造可持续发展的城市确立了信心。

1993 年的珀斯团队：由学者、市政府与州政府规划师、“城市愿景”机构成员以及从事调研的学生组成。

1991 年，州政府要求我组织一次会议，与一个名叫“城市愿景”的非政府机构一起，商讨构想一个更美好的珀斯。40 年来，我们一直在实施现代主义的“斯蒂文森 – 赫本”规划 *，由此带来了重重问题。城市戏剧性地四面蔓延，到处是低密度、大缩进的住宅，以及宽阔、高容量的道路。高速路和公路高度拥堵，公共交通陷入瘫痪，珀斯市中心既无人游览，又无人居住，简直成了被荒废的区域。唯一的成功之处反而是弗里曼特尔的重建以及当地铁路的回归。这两个项目我都亲自参与，所以州政府让我牵头组织会议，让世界各地的专家齐聚一堂，帮助我们设想城市的未来。

扬 · 盖尔就是我请来的一位专家。当时他还没有今天的国际声望，但基于我对那本小册子的了解，我给他写了一封信，描述了我们面临的挑战，他同意来珀斯开会。1992 年 9 月召开的“城市的挑战”会议是一次巨大的成功。会议厅坐满了听众，大家聚精会神地倾听 R · 切尔韦罗（Robert Cervero）（加利福尼亚大学伯克利分校）、A · 埃格尔顿（Art Eggleton）（多伦多前市长）、B · 埃默森（Barrow Emerson）（波特兰）以及考特（Janet Holmes à Court）和我本人等本地人士的讨论。但最重要的是，他们还听到了扬 · 盖尔的发言。扬 · 盖尔说的英语带着一种让人愉悦的口音，他通过不少幽默故事告诉大家，珀斯与全球很多其他城市如何在规划和设计中失去了人性元素，而这又会引发怎样的问题。他用出色的幻灯片向大家展示，哥本哈根同样也曾“把城市输给汽车”，但今天又展开了反击，而且正在逐步从汽车手中赢回城市。

我在听众中看了一眼吉姆——我在州内阁部的政策助理，我们两人都一致同意，我们需要让扬 · 盖尔在珀斯开展更具体的工作。在 1992—1993 年之间的澳洲夏天，扬 · 盖尔和妻子英格丽德来到珀斯，工作了六周。我们与一群非常投入的学生一起，在珀斯市中心进行了一次“公共空间 – 公共生活”调研。

澳大利亚的其他城市很快也开始跟进，“盖尔号”火车由此开出了车站，驶向全球各大城市。

对页：对 1993 年珀斯调研的回应：珀斯文化中心 1993 年（上图）与 2015 年（下图）对比图。在现代主义风格的文化建筑环境中引入人性尺度，彻底改变了这个场所。

* 指英国建筑师 G · 斯蒂文森（Gordon Stephenson）和 A · 赫本（Alistair Hepburn）在 1955 年为西澳大利亚州政府制订的都市区规划。——译者注

1

人性化维度

第1章 人性化维度

"假使扬·盖尔并不存在，那么我们就必须把他创造出来，否则没人能够拯救我们的城市。一个城市就是一个宇宙，而宇宙的中心则是城市中的人；半个世纪以来，扬·盖尔富于前瞻性的工作帮助许多城市按照人而非交通的需求来调节自身空间。扬的作品罕见地将敏锐、智慧和幽默感结合在一起，借此诊断出城市设计的诸多本质问题，并为了克服这些问题提出了大量实用的、针对每个城市自身情况的解决方案。"

——J·萨迪克－汗（Janette Sadik–Khan），布隆伯格协会；2007—2013年曾任纽约市交通局专员；著有《街头斗争：城市革命手册》

多年以来，虽然也曾有其他人提倡城市设计的人性化，但没有人像扬·盖尔那样，对塑造城市、改变人们构想城市设计的方式产生过如此巨大的影响。关于他的理念与方法，扬·盖尔本人多有著述，关于他的影响，其他作者也曾广泛论及，但本书讲述的是一个"内幕故事"，介绍扬·盖尔如何逐步掌握研究城市空间的方法，又是怎样逐步学会将以人为中心的方法论贯彻到建筑和城市设计中。本书描述的是这个故事中极具人性的一面。我们考察了扬·盖尔的工作、理论、生平及影响，写法既从在珀斯（我们居住的城市）以及哥本哈根两地与扬·盖尔一起工作的亲身经历着手，也收录了世界各地许多城市中与扬·盖尔合作过的人士讲述的故事。

在与扬·盖尔共事中我们发现，他不仅能指出城市在哪儿出了毛病，更重要的是，还能够提出这些问题的解决之道。为了把"人"带回规划、设计与建筑的中心，需要形成许多理论分析工具，扬·盖尔恰恰为我们提供了这些工具。

本书采取了一种混合式的写作方法，将生平介绍、对扬·盖尔自身研究和实践方法论发展过程的介绍，以及他影响所及产生的各种佳话故事熔于一炉；扬·盖尔摒弃抽象的、基于意识形态的现代派规划与建筑风格，倡导关注人性，由此产生了巨大影响；本书围绕着他在城市规划领域做出的重大变革而组织内容，以扬·盖尔工作生涯中的各个关键阶段为章节划分依据。扬·盖尔在发展与提倡"面向人性的建筑与规划"运动中扮演了至关重要的角色，全书中对此进行了充分省思。

第二次世界大战后，现代主义建筑原则以及汽车的兴起重新塑造了大多数城市的面貌；扬·盖尔以其研究和策略力挽狂澜，重提"城市为人民服务"的方针，扭转了城市规划与建筑设计的发展方向，可谓厥功至伟。今天，全球范围内的快速城市化趋势仍在继续，为了让越来越多的人享有友好、舒适、安全的城市环境，扬·盖尔的理念具有越来越重要的意义。

据预测，到2050年时，城市人口将占全球人口的66%。我们该如何在自己的城市中成为面向人性的建筑与规划的倡导者，现在已到了不得不思考这一问题的时候了。2016年正值扬·盖尔八十华诞，我们今天回顾他的生平与工作，也可谓恰逢其时。

五十多年来，扬·盖尔在全球许多城市调研和应用了改善城市公共空间的理念——

> 我是一名建筑师，受的是建筑师教育。当我1960年毕业时，正值现代主义兴盛的日子，那时的城市很糟糕……而在草地上随意摆放建筑则很时髦……在项目中，建筑师高高在上，做设计有点像写作文一样。这就是我受过的训练……
>
> ——扬·盖尔，2008年10月

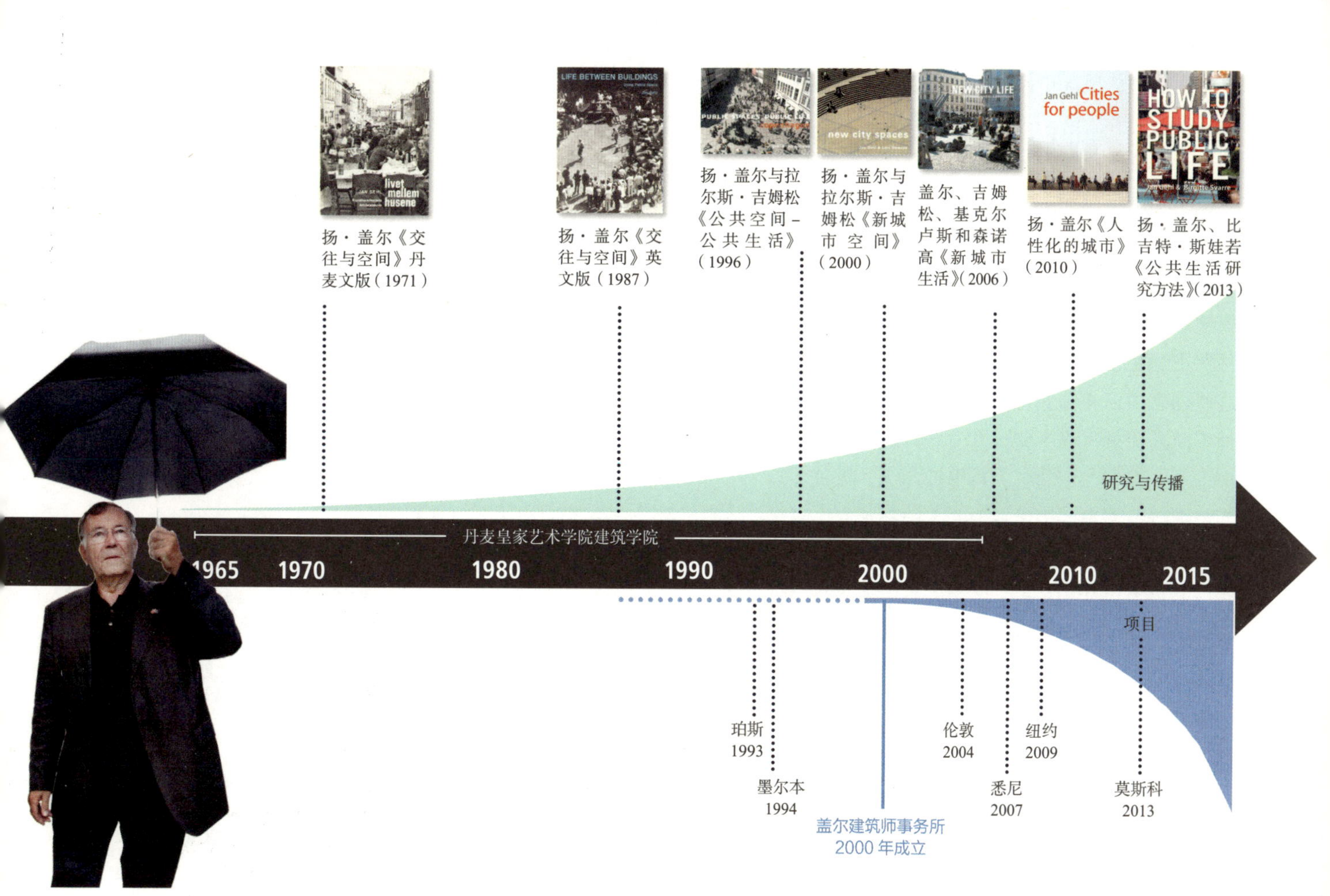

起初是作为学院人士，而后是作为他自己的公司——盖尔建筑师事务所的负责人。他的工作对城市设计师与建筑师们从事项目的方式产生了显著影响，而且其理念也应用于全世界许多重要城市，包括纽约、伦敦、莫斯科、哥本哈根、墨尔本和悉尼——包括我们自己居住的珀斯。

作为理论家，扬·盖尔是一个地道的人道主义者，一个拥护城市的人，始终强调我们必须设计"为人服务的城市"，而不是单纯为车辆畅行、建筑林立而设计，更不是为了盲目而单纯的经济增长而工作。他相信，好建筑不仅关乎形式，而且更关乎形式与生命之间的互动。城市设计应该尽量促成多元化的社会交流，同时尽量减少交通需求，让民众在公共空间中享受生活，并为人们或偶然，或如约的会面创造机会，由此持续把"人"放在设计的前景中。扬·盖尔将邻里社区与城市视为人类实现机遇的场所，所以设计就必须关注如何帮助机遇得以实现。这种设计思路是与其他城市规划专家，比如简·雅各布斯（Jane Jacobs）、W·H·怀特（William "Holly" Whyte）以及 D·阿普尔亚德（Donald Appleyard）等人的理论同步发展的。扬·盖尔之所以成为这种思路的最知名倡议者，是因为他在全球的工作，他锲而不舍的推动，以及他出色的沟通技巧。

扬·盖尔认为自己的事业可分为三个主要阶段：（1）从 1960 年代开始的研究与理论发展阶段；（2）从 1960 年代末期起，始自哥本哈根，他逐步通过实际项目来发展与验证自己的方法论；（3）1990年代至今，他不仅在全球出版著作，而且也在全球各地的城市中实施项目，由此传播并扩展了其方法与理念。

在他的整个职业生涯中，他都奋力争取在建筑与城市规划中“让人变得可见”，而且并不满足于仅仅是理念被采纳，更力求让这些理念得以充分实现。他始终如一地在一种不断迭代的过程中验证并发展其理论：提出理论，在实践中验证，再提炼理念。除哥本哈根以及斯堪的纳维亚的若干国家首都之外，他最早在珀斯验证、提炼自己的思路。所以本书也以我们与扬·盖尔一起工作的故事开始；这个故事在书中后面的章节也还会继续。

关于现代主义的说明

现代主义代表的是一种技术统治论，它基于“城市作为机器”的理念，发源自早期工业化城市中的社会与经济困境与幻灭、1890年代的大萧条，以及随第一次世界大战来的确定性危机。

西澳大利亚珀斯：完美的现代主义城市

1992年，扬·盖尔初到西澳大利亚州的首府珀斯，他发现它是现代主义城市设计与“汽车式城市规划”[1]的典型案例。不同的土地用途相互区隔开——在一处工作，在另一处购物，在其他地方睡觉，再加上对汽车交通的承载，形成了“完美”的城市结构。市中心处处都有标志提示：“你的车就像你自己一样受欢迎。”

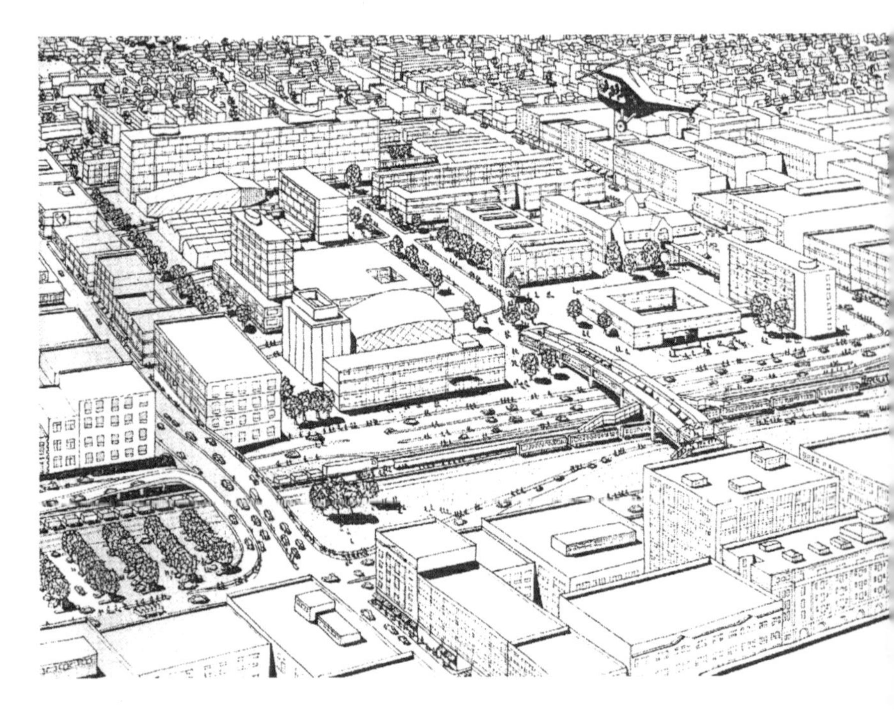

珀斯，完美的现代主义城市。这张草图展示了G·斯蒂文森和J·A·赫本在1955年制订的珀斯市中心改造计划。你的车就像你自己一样受欢迎。

现代主义城市关注的是建筑和道路，而非人与场所。现代主义者的信条是：人需要新鲜空气、光线、空间以及让汽车能充分发挥作用的环境，因此关注建筑与道路的城市设计能够造就高效、健康的城市。然而，现代主义者忽略了城市与建筑的社会维度——他们忘记了，人还需要与他人之间的互动，需要生命、活力与多样性的体验。

虽然现代主义方法论与对土地的区隔使用方式受到了广泛批评（尤其是在北美和澳大利亚），但当时在全球规划界，现代主义

在所有与珀斯规模相仿的城市中，珀斯的市中心可能是最小的；人们把它比作一个“周边由停车区环绕的特大号百货商店”（引自“Public Space Public Life in Perth, 1994”）

仍然是主导的理论。不同行业的专业人士从各自视角出发来组织、规划、描述城市，最终形成的城市是一系列彼此独立的功能，而非承载着人们在其中交互沟通的复杂系统。

1833 年，S · 罗（Septimus Roe）将珀斯规划为一处行政与军事枢纽。经历了早期的村庄阶段，以及 1890 年代淘金热时期的城市发展之后，城市根据 1955 年斯蒂文森和赫本的现代主义都市规划重新调整了结构。正是在同一时期，巴西的新首都巴西利亚也被人们当成完美的现代主义新城市案例。当年的珀斯规划是基于汽车交通、低密度城郊蔓延以及公路系统而形成了城市形态。1953 年，州政府委托两位规划师制订了这一方案，用以指导都市区域的开发，而此方案的背景则是当时席卷全球的“现代城市”理念以及（很大程度上美国化的）“好城市”理想。

由于这次规划以及廉价汽车的问世，珀斯地区的城郊发展十分迅速。人们从市中心搬走，定居在新开发的郊区，市中心则只是贸易及工作场所。城市的主要道路、桥梁开始兴建，为给沿岸的公路腾出空间，天鹅河在 1950 年代末期被填平。

珀斯的天际线被摩天办公楼占领。到 1990 年代，市中心完全定位为商业区，这也意味着来自周边郊区的汽车会让这些街道堵塞难行。人们开车来到市中心，再开车回家，城市变成了一个“高峰时拥堵、白天繁华、夜间完全被荒弃”的地方。珀斯自己也发现城市出了问题。所以 1992 年，珀斯市和西澳大利亚州政府共同邀请扬·盖尔前来实施一项调研，考察居民对市中心公共空间的使用情况。调研在1993年完成，之后也被称为“公共空间－公共生活”调研，是第一项在斯堪的纳维亚国家之外执行的此类研究。扬·盖尔认定，珀斯是一座“不鼓励步行的城市，尤其不鼓励为步行之乐趣而步行。”[2]他点评说，珀斯从根本上具有“一个特大号百货商店的特征”，而两条步行街“并未真正成为步行路线，而只是在汽车交通主宰的城市中的两个孤岛”。[3]珀斯的步行街实际上只是商场的走廊，人们在其中走一小段，四处看看，然后就会走回去，因为步行街根本没有与整体的步行交通网络连接起来。哪儿都不通向步行街，步行街也不通往任何地方。

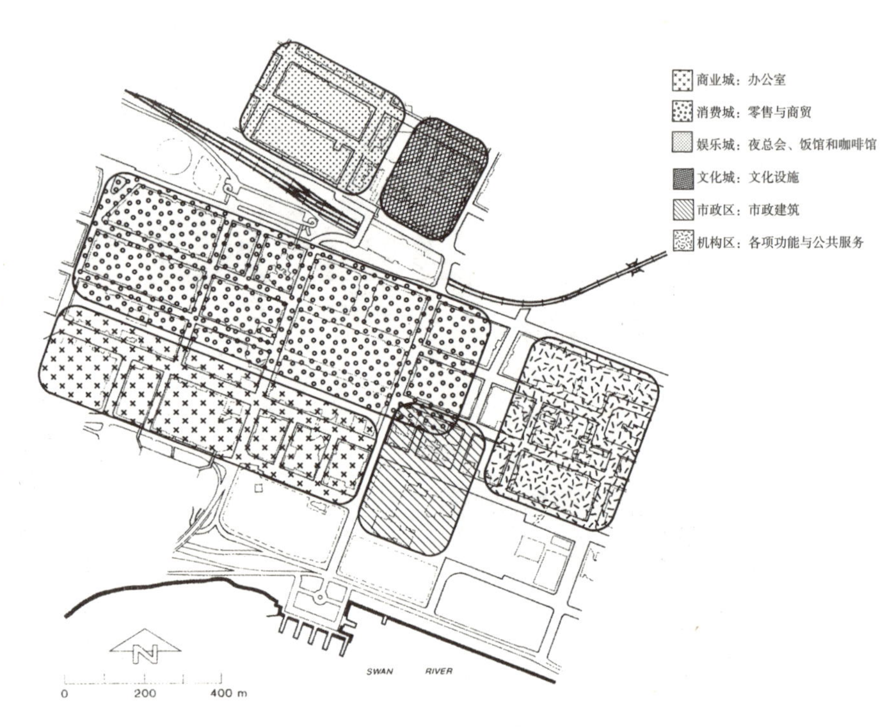

珀斯，完美的现代主义城市。土地使用规划表明，你可以在这儿工作，在这儿购物，在这儿办公，而娱乐区则在铁路远端，此外完全没有住宅区（引自“Public Space Public Life in Perth, 1994”）

“你的车就像你自己一样受欢迎”，但其实汽车远比人更“受欢迎”。
左图：莫雷街的4车道交通（1985年）
上图：想过马路？请在这里申请！

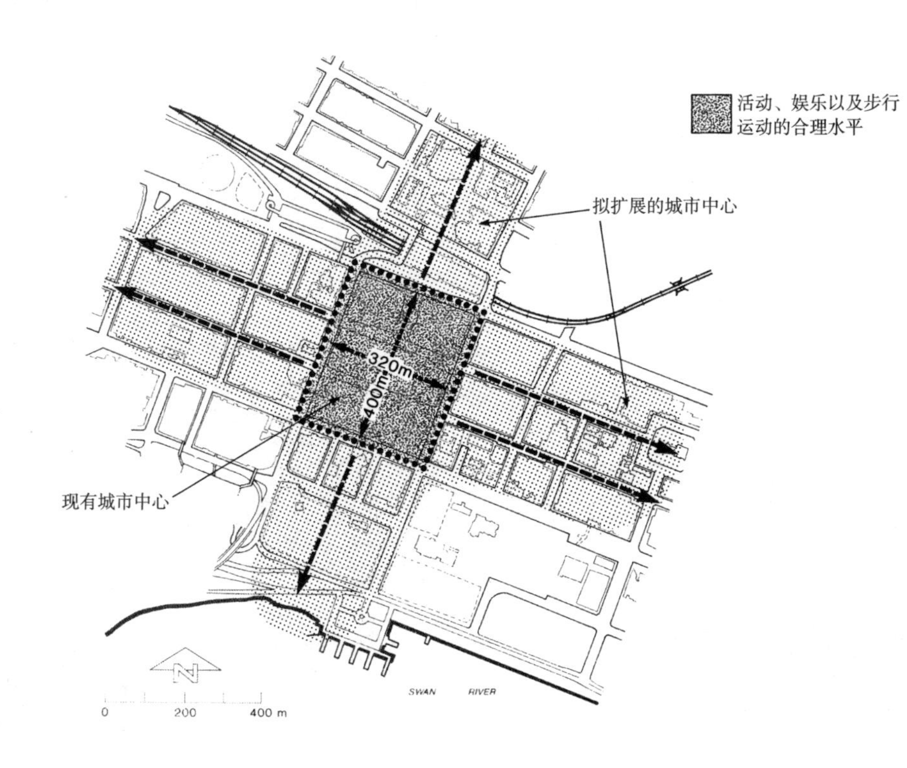

扬·盖尔对城市改造提出了以下建议：将市中心沿四个方向扩展，一直扩至河边，把这个原本更像购物中心的地方变成真正的市中心（引自“Public Space Public Life in Perth, 1994”）

从根本上讲，扬·盖尔的“公共空间－公共生活”调研表明，珀斯的规划是属于一个单纯关注汽车交通与商业活动的规划－设计体系——市中心的布局实际上复制了市郊购物中心的模式。此外，调研充分表明，步行在公共生活中不具有可见性，而且公共空间仅仅被视为偶尔举办大型市政活动的活动空间和宏大公共区域，而非城市日常生活的真实领域。

这是一份揭露糟糕现实的报告。对于扬·盖尔来说，这也是一个重大挑战，因为珀斯市和州政府委托他撰写这样一份报告，并不是要粉饰太平，遮盖现实。扬·盖尔说：“作为一个资深童子军，我始终都有这种直言不讳吐露真言的冲动，或多或少就是这样。”

在报告的最终部分，扬·盖尔提出了一系列建议，告诫珀斯市可以采纳若干方案，让城市变得更人性化。其中包括让城市“走向河边”，也就是说充分利用城市的自然资产——天鹅河前滩，将城市扩展至迷人的河岸。扬·盖尔总结说：“为了城市自身之福祉，市中心区域应该加以扩展——让人们真切地感到，这个城市的范围不只是两个街区而已。这样，在城中行走的人才会明确认识到：‘这是一座不简单的城市’，它是一个伟大地区的强壮心脏。”[4]

扬·盖尔后来说，这段时间成了他职业生涯中最值得回忆的阶段之一。他在珀斯市生活、工作了六周，充分了解整个城市与当地居民。他在志愿者与市政员工中间感受到了超乎寻常的激情，而这也强化了他对城市的体验。由此起步，全球一座又一座城市都开始邀请扬·盖尔前往，帮助他们打造人性化的城市。

那么，扬·盖尔究竟是谁呢？

Yen
Sushi Noodle
COFFEE
SPECIAL
Reg $3.00
Large $3.50
J.S.BACH
Coffee

2

让人变得可见

第 2 章 让人变得可见

“对于山地大猩猩或者西伯利亚虎的宜居地，世人已经有不少知识，可是与此同时，关于宜居的人类城市，我们却知之甚少——这实在是个有趣的事。”

——恩里克·佩尼亚洛萨，哥伦比亚波哥大市市长

1936 年 9 月 17 日，扬·盖尔出生于丹麦的地方小镇伦讷。几年后，全家迁至哥本哈根，扬·盖尔在那儿度过童年，然后上学，后来还在那儿开始了学术研究。一切看起来都“相当平凡”，只是除了这样一件事：扬·盖尔比别人早上一年学，所以在整个受教育经历中，都比同级学生小 1 岁。根据他的描述，全家充满了欢笑，相当开放，给他提供了一个“坚实的大本营”。

扬·盖尔原本想学工科，直到高中毕业，才了解到学习建筑学的可能性，听起来这个学科比工程更丰富多元，更加迷人。他家没有建筑学背景——亲属中没有建筑师，也没有其他的灵感来源。这是一片未知的领域。

扬·盖尔说，他家是相当“典型的中产家庭”，父亲在政府办公室工作，母亲在家照顾孩子。母亲对历史有强烈兴趣，父亲则爱好建房，一直在建造暑期别墅。很久以后，扬·盖尔才发现他父亲一直想成为建筑师，这样说来，他必定以某种方式影响了扬·盖尔。扬·盖尔成了家中第一个接受大学教育的人；1960 年，他从哥本哈根的丹麦皇家艺术学院建筑学院毕业，获得硕士学位，这一年他 23 岁。

1961 年，他与英格丽德·蒙特（婚后改姓盖尔）结婚。英格丽德学的是心理学，婚后不久也从事这一行业。有个故事说，英格丽德本人，以及这个新婚家庭的若干其他朋友（一群心理学家、社会学家、医生或其他此类学者）一见面就向扬·盖尔和他的建筑师朋友们提问：“为什么你们建筑师对人没兴趣？”“为什么建筑院校不教关于人的事？”“听说建筑系教授凌晨 4 点给建筑拍照，为的就是欣赏不受人干扰的建筑相片？你们怎么看这回事？”对于一个接受现代主义建筑训练的年轻建筑师来说，这一大堆问题实在令人心烦意乱。英格丽德在心理学方面的工作对扬·盖尔的建筑与城市规划理论产生了强烈影响，推动他关注人与建成环境之间的关系。整体而言，1960 年代是一段激进地反思、质疑既有体制和现成秩序的时期。关于“谁知道什么是民众的最大福祉”问题，当时发生了激烈的公共辩论。在哥本哈根这样的城市中，城市各方面的变革都成为争论的焦点。扬·盖尔也加入到辩论中。

当时的哥本哈根充斥着现代主义城市规划的产物，扬·盖尔环顾身边事物，不由为“在新式住房、新建市区以及既存的城市邻

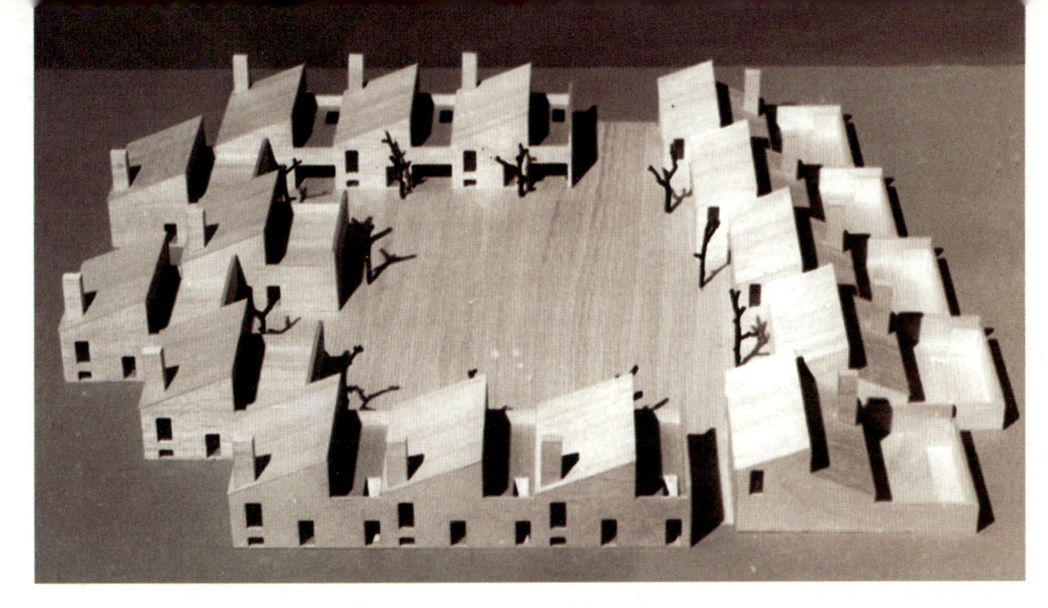

“Amtsstuegården”住宅项目，1962—1963 年。住宅围绕广场形成若干小型村落聚集地。整个项目共由 11 个聚落构成。

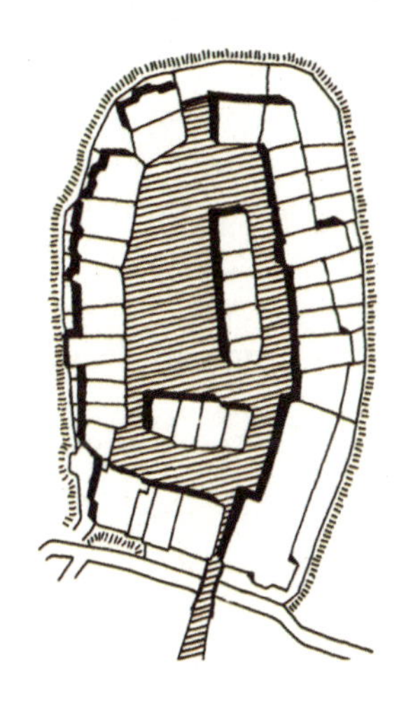

建筑师的灵感来自意大利小村圣维托里诺 · 罗马诺（左图）。当年报纸上的卡通画表现了建筑师向民众解释如何在丹麦的城郊实现意大利式的“美好生活”。这个住宅项目因为观念过于大胆超前而从未实施。

里社区中，建成环境与现代城市规划理念对人性的怠慢而怒火中烧”。新型的现代主义住宅街区缺乏人性生活的元素，城郊地带变成了只用于睡眠的场所。人性考虑完全被忽略了。

毕业之后，扬 · 盖尔为 Viggo Møller-Jensen 和 Tyge Arnfred 的建筑师事务所工作了两年。在此期间，他参与了若干住宅项目，首先是格陵兰首府戈特霍布（现名努克）一个较大规模的社会住宅项目。在丹麦，Møller-Jensen 与 Arnfred 因其人文关怀和出色的住宅建筑师团队而声名卓著。对于刚刚起步的年轻建筑师来说，这是一个不错的起点。

1962 年，服完强制兵役的扬 · 盖尔来到 Inger 与 Johannes Exner 夫妇的建筑师事务所，他们主要从事修复项目以及教堂的设计与施工。在这里，扬 · 盖尔主要负责中世纪教堂的修复，其中包括考古发掘，教堂外部与内部（含灯具、祭坛、管风琴等）的设计。类似的事情他还做过几年，在后来的学术生涯中，他也会参与教堂修复，作为一种“偶尔的余兴”。他喜欢做这类工作，因为其中牵涉传统工艺，而且会与神职人员、考古学家

1959 年，为格陵兰的定居点建筑测绘

在发展测绘技术方面，哥本哈根建筑学院有着悠久传统。扬·盖尔热切地参与这方面的研究，他雅好历史，因此还额外加学了测绘课程，对古老的中世纪教堂（多数在农村）进行了深入研究。凭借这个背景，扬·盖尔在 1959 年夏秋参加了一次长达 4 个月的格陵兰考察，其目的是记录、测绘当地古老的定居点建筑。该项目由丹麦国家博物馆组织。

1963 年，测绘希腊圣地废墟

1963 年夏，扬·盖尔和其他 9 名来自哥本哈根建筑学院的学生在希腊德尔斐度过了 4 个月，目的是以当时最前沿的技术完成德尔斐神庙的整体测绘。虽然这次还是没有找到神谕，但制作出了考古遗址的精确平面图。奇怪的是，之前从没对神庙进行过精确测绘记录，以往的发掘者满脑子想的都是寻找财宝和雕像。早先的一张平面图甚至写错了神庙柱子的数量。本次项目由雅典的法国考古研究所组织。

作为建筑师，扬·盖尔独立承接的第一个项目是赛厄岛上的一座传统乡村教堂修复（1964—1967年）。从1950年开始，盖尔一家人常去岛上的小屋里度暑假。左图：外观，水彩画由扬·盖尔绘制。上图：教堂塔楼维修过程。

以及艺术家密切合作。直到1990年代，由于城市设计工作越来越繁重，他才不得不放弃了这一副业或余兴。作为副业的成果，在1962—1990年间，扬·盖尔大约修复了12座11—12世纪的丹麦乡村教堂。

也是在Exner事务所工作期间，扬·盖尔参与了丹麦城镇希勒勒附近一个大型地块上的住宅开发项目。基地由农地改造为城镇，但土地主人具有理想主义情怀，想为故土留下一份遗产。他明确要求，建成的住宅区要“善待人”，不能是那种四处散落的郊区房舍或“混凝土公寓街区”。

这给办公室里的建筑师出了个难题：“什么叫‘善待人’？”在1960年代早期，这是一项闻所未闻的挑战，建筑师们绞尽脑汁以求确解。

这需要新的思维方式。为此，建筑师咨询了一位社会学家。在丹麦，这很可能是第一次有社会学家参与住宅设计的项目。如何设计“善待人”的住宅项目，在当时是一个全新的、启人深思的问题。很快大家发现，找来的这位社会学家对此也不甚了了。但这次经历让扬·盖尔开了眼，他发现，要形成全新的洞察力，就必须要将社会科学与建筑学相互结合起来。

最后设计的住宅开发方案名为“Amtsstuegården”，是围绕共享公共空间而建的一系列低层住宅聚落。方案的核心是共享式的公共广场。在丹麦，这个方案受到大量出版物介绍、争议和援引，但是却从未实施修建，因为当时人们认为它过于“前卫”。为了增进社会交往，与邻里共享公共广场，这

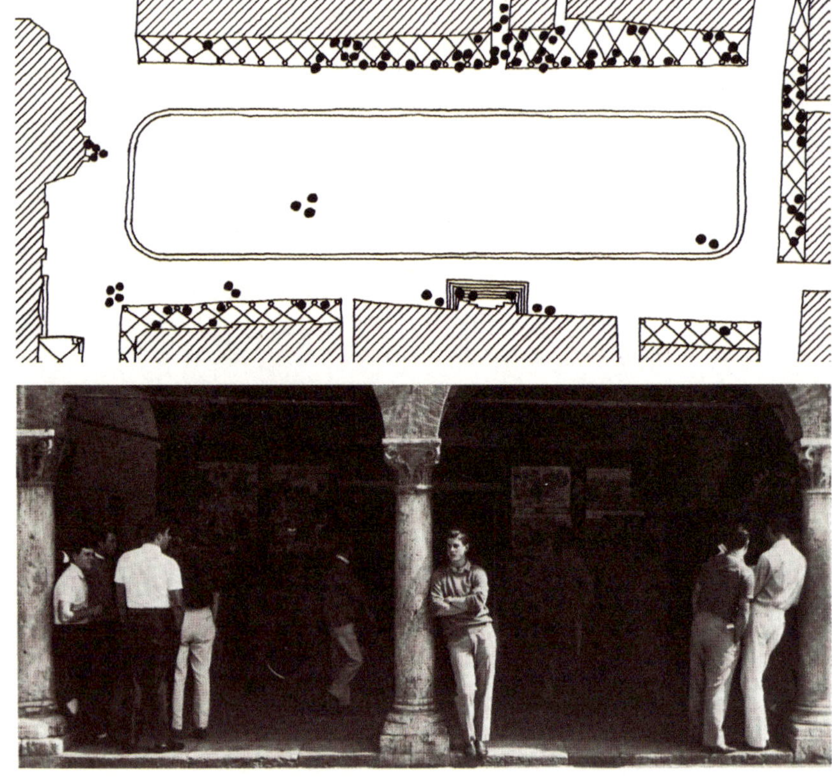

Sembra ma non è un «beatnik»

Da diversi giorni abbiamo notato un giovane straniero aggirarsi per la Piazza del Popolo. Abbiamo subito pensato: « I beatnick » in Ascoli?

Ma il suo fare aveva qualcosa di particolare. A parte le misurazioni ed i rilievi con strani apparecchi ottici, lo straniero prendeva in continuazione appunti su tutti i passanti. Insomma chi era?

Poche parole di presentazione e di saluto e subito si è scoperto l'arcano. Si tratta dell'architetto danese Jan Gehl, che avendo ricevuto una borsa di studio per studiare la forma e la vita delle piazze italiane da un punto di vista architettonico e sociologico, ha incluso la nostra Piazza del Popolo nei suoi itinerari.

Il giovane e simpaticissimo architetto, che si avvale della collaborazione della gentile consorte laureata in psicologia, si va chiedendo perché mai — nei centri storici italiani — con tanti viali e belle strade nuove, la popolazione insista a passeggiare sulle antiche piazze.

Saremmo interessati, al termine delle sue indagini, di conoscere se ha svelato l'arcano del nostro inguaribile « passeggiar piazza ». (Foto Riga)

1965 年在意大利观察人们的行为规律

上图："他看似一个颓废青年，但其实不是。"

1965 年秋，意大利阿斯科利皮切诺某报纸的剪报。毫无疑问，记者对这个"研究人的大学生"的古怪行为大惑不解。

上图：阿斯科利皮切诺城市广场的调研，记录了人们在广场中未走动时偏爱的停留位置。很明显，在广场中打发时光的人们喜欢其中的边角地带。

种思路对于保守的住宅开发市场来说过于突进冒险了。

不过在哥本哈根，事情逐渐出现了转变。1962 年，市议会将 1 公里长的主要街道斯特勒格特（Strøget）确定为步行街。开始时只是一个临时试验，但很快就永久确定下来。常常有人认为斯特勒格特大街的改造有扬·盖尔的一份功劳。实情并非如此。扬·盖尔研究斯特勒格特大街是在其改造几年之后，而他的相关研究此后又影响了哥本哈根其他区域的改造和开发（详见本书后续章节）。1962 年斯特勒格特大街的改造在很多方面都是一项开创性工程，在欧洲也属于最早的一批（但非首例）。丹麦的几个地方城市如兰讷斯、奥尔堡、霍尔斯特布罗也在这段时间将主要街道改造为步行街。改造斯特勒格特大街的目的，是为了打造一个宜人的购物商业区，与市郊新兴的若干封闭式购物中心竞争。这项试验争议很大，批评家们声称"我们是丹麦人，不是意大利人"，"丹麦人从来不在哥本哈根的大街上闲逛，也不在广场上坐着"。因为这些行为与北欧精神习性不符，尤其也不为北方的寒冷气候所允许。但是仅仅过了一年，步行街上的行人数量就戏剧性地激增，步行街试验取得了立竿见影的成功。

Amtsstuegården 住宅方案是扬·盖尔第一次参与关注公共空间的研究与设计的项目。他也称其为自己第一次能够为追求"价值"而设计的项目。这一项目对建筑之间公共空间的强调、它推崇的"善待人"的理念，对扬·盖尔的工作产生了巨大影响。一时间

扬·盖尔关于人们在公共空间中停留位置的研究，很快就明确了“停留支撑物”的重要性。如果拆除锡耶纳田野广场上的这些短柱，那么广场上的生活气息就会消失殆尽。

灵感与兴趣交集，于是，扬·盖尔和英格丽德在 1965 年前往意大利，试图发现人们使用公共空间的原则。他们相信，“如果能从城市里的人们中间发现什么东西的话，那只有在意大利才有可能。”

1965 年：意大利广场上的生活

扬·盖尔和英格丽德获得了“新嘉士伯基金”提供的“罗马奖学金”支持，在 1965 年秋天来到意大利，一共旅行了 6 个月。他们走访卢卡、阿斯科利皮切诺、马丁纳弗兰卡以及罗马等城市，研究公共空间的日常运用以及日常公共生活。扬·盖尔和英格丽德被“城镇之间、之内的居民活动完全吸引住了，这些城镇还没有经过‘理性规划者’重建，也没被汽车侵扰”。[5] 根据他们的观察，“意大利老城区的公共空间中渗透着生活气息”。[6]

扬·盖尔和英格丽德为这些意大利城市中的人性化生态系统与多元化行为方式深深着迷。他们专注于研究城市空间中日常生活的微妙细节，致力于弄清城市设计中哪些方式可行，哪些不可行。

在意大利，扬·盖尔尤其对研究公共空间中的人们为什么会选择坐下、站立、社交沟通感兴趣。在阿斯科利皮切诺的民众广场上，他和英格丽德着手对人们在公共空间中的行为进行分类，一类是“必要行为”，另一类是“可选行为”，二者对物理环境具有完全不同的要求。为了记录和描绘人们的行为，他们尝试了多种方式。扬·盖尔和英格丽德记录了坐下和站着的人的位置、数量，以及不同街道上步行者的数量，由此对场所为人们服务的原因及程度进行评估。公

I 1978 bliver det svært at sælge villaer

Psykolog-arkitekt-ægtepar:
Ud med arkitekterne og ind med miljøkonsulenter

Boligen skal være levende ramme ende menneskers liv

Hele Familien

B.T. lørdag

Vil skabe gode bolig-miljøer: Koster ikke mere

Her elsker de at sidde og se på far og mor

Ingrid og Jan Gehl

Hurra for Gehls

Tak til ægteparret Ingrid og Jan Gehl (red.: B.T. lørdag den 6. marts). Man havde næsten ikke turdet håbe på sådan en fuldtræffer i vor forkvaklede udfoldelsesmæssigt dræbende arkitekttegnede tidsalder.

Jeg synes, psykologen og arkitekten skal have et trefoldigt hurra for deres ideer om menneskevenlige miljøer. De to fortjener at blive hørt og at mærke en positiv reaktion fra befolkningen, som er vant til at føle sig udenfor i forbindelse med

ET HUS SKAL RETTE SIG EFTER BEBOERNE -OG- IKKE OMVENDT

Med hilsen til Arctander i Kartoffelrækkerne

Af SVEND ERIK MØLLER

KNUD POULSEN

Videnskaben ud på flisen

FIAT – FREM FOR ALT..

POLITIK

Ballerup

Bolig-ørkener i Københavns omegn

一组 1960 年代的丹麦报纸、杂志剪报，表明这一对儿喜欢讨论物理环境质量的心理学家－建筑师迷人组合，引发了读者的浓厚兴趣。一篇报道的标题是“为盖尔夫妇欢呼”；另一个年长记者的报道则宣称，花在公共空间研究上的金钱纯属浪费。“公共生活是显而易见、广为人知的事情，没必要对其了解更多。”

在这段拍摄于1967年的录像中，扬·盖尔和英格丽德正在解释城市步行街改造的益处。丹麦国家电视台最近播放了这段短片，作为“从前的丹麦是什么样”系列节目中的一幕。

共空间边缘区域的重要性这才一目了然——人们都聚集在广场边缘休息，观看各类日常活动。边缘区域的这些功用让扬·盖尔入了迷，成为一个他不断重提的主题。

充分调研了意大利公共空间之后，1966年初盖尔夫妇以一组文章的形式将研究结果发表在丹麦建筑刊物《建筑师》(Arkitekten)中。[7]当时，这些文章被视为有些不同寻常，因为将对人类行为的细致研究置于建筑学的语境中实属新颖之举。

无论就理论还是就研究方法而言，对意大利公共空间的研究都为扬·盖尔此后的工作奠定了基石。在意大利、之后在丹麦皇家艺术学院，他不断形成新方法，验证新发现。对于使用空间的不同方法以及设计在此过程中扮演的角色，扬·盖尔的理解逐渐深入，成果日益显著。

超越对现代主义规划的批判

在意大利的调研让英格丽德和扬·盖尔作为公共学者，甚至社会活动家出了名。在丹麦，他们勇于批判、质疑当时广泛修建的单体住宅区以及现代主义式的公共住宅项目，这也提升了他们的知名度。他们一起发表了大量文章，向当时居于主流地位的若干盛气凌人的建筑师和规划师发起了挑战，尤其是抨击他们对人性尺度和需求缺乏重视。

Høje Gladsaxe，一个低成本的13层住宅街区项目，周围是一片形式主义风格的景观。1969年，50名来自“社会学－心理学－建筑学研究组”（SPAS）的学生，以及居民中50名愤怒的家长一起联手，在一夜之间建起了一个全新的游戏场，破除了原有僵硬死板的景观。Høje Gladsaxe的设计师称此为“一次针对建筑的野蛮袭击”。但是丹麦建筑协会为这项“抗议工程”提供了部分经费。可见，当时确实是个大争论的年代！

上图是建成后的游戏场景观。艺术家、建筑师、设计师、教师和家长们一起合作，创造出一个符合所有年龄人群的游戏场。其中一个主要目标，就是越过将居住区与周围景观分隔开的围墙，形成若干桥梁（插图引自丹麦《更好生活》（Bo Bedre）月刊，1969年10月号）。

但是对于扬·盖尔和英格丽德来说，单单是对这些问题进行评论还不足够。他们明确认识到，关于人们怎样与建成环境互动，建筑师、规划师需要具备更充分的知识。他们相信，为了研究与积累关于人们与城市之间互动的基本知识，需要发展全新的工具。英格丽德开始研究住宅问题，而扬·盖尔则到哥本哈根建筑学院任职，研究的课题仍然是城市中人的生活。

重返建筑学院

1966年丹麦皇家艺术学院的建筑学院由艺术院校变成了大学，这意味着研究任务现在要有建筑学院中的各系来完成。景观建筑教授斯文－英瓦尔·安德森（Sven-Ingvar Anderson）在扬·盖尔担任Amtsstuegården的景观设计师时就认识他，这时邀请他加盟学校，继续深入研究公共空间的运用。扬·盖尔在景观建筑系获得了一个为期4年的研究职位，其课题是“城市和住宅邻里社区中人们对室外空间的运用”。

因为扬·盖尔是建筑学院里的第一代研究人员，他在方法和理念的探索方面获得了非常大的自由度，但同时也会有很强的孤独感和不安全感，因为缺乏来自同侪对研究传统的指导和支持。在这个时期，英格丽德开始在丹麦建筑研究所工作，她是丹麦首位环境心理学家，研究课题是住宅的心理影响。他们夫妇二人不断合作，妻子在扬·盖尔整个职业生涯都发挥着持续的影响。

在这个时期，扬·盖尔创建了一个跨学科的小组，起名为SPAS（社会学家，心理学家与建筑师研究小组）。他们定期会面，就建成环境进行讨论，还组织研讨班或

在丹麦兴起了关于住宅质量的热烈争论，这些争论与英格丽德·盖尔的《生活环境》、扬·盖尔的《交往与空间》等著作一起，深刻地影响了1970年代以来的大量丹麦住宅项目。

早晨，居民在住宅的低矮围墙之间寒暄。“Solbjerg Have”住宅项目，Fællestegnestuen建筑师事务所，1977—1980年。

在“西贝柳斯公园”项目中，公共空间与私有空间之间的交界面经过了精心设计。Fællestegnestuen建筑师事务所，1984—1986年。

很多项目都明确承认受到扬·盖尔和英格丽德作品的直接影响，其中就包括由B·奥德（Bente Aude）和B·伦高（Boje Lundgaard）设计，于1978年建成的“Sjølund”住宅项目。

在国际上也有很多项目受到丹麦研究的影响，其中包括瑞典马尔默的“Bo01”。在这个项目与拉尔夫·厄斯金在1970年代和1980年代设计的多个突破性作品之间存在着直接的关联。Bo01项目的协调员与基地总图设计师K·塔姆（Klas Tham）教授曾经为厄斯金工作多年。

公共演示，以期验证相关专业的教学与方法论，以及关于公共参与、城市政策与建成环境形式的各种理念。这个小组跨学科地分享工具与理念，因此形成了“打破学科壁垒”的机制，对主流城市规划方法进行了重新诠释。SPAS小组发表了大量很有影响力的文章，其中有一篇质疑了现代主义的高层住宅开发模式，认为它唯一目的就在于“实现劳动力的再生产”。居住空间重视的是“父亲们下班回家有舒适的睡眠环境，而非母亲和孩子们在白天有舒适的生活环境”。作为对文章的回应，SPAS小组在被提及的若干住宅区域进行了相当大的干预改造，这些变化令住户高兴，但与建筑产业以及整个“体制”——包括政客们、开发公司，尤其是相应的建筑师和规划师——则产生了针锋相对的矛盾。一些建筑师和规划师为了表达对这些干预行动（他们称之为“针对建筑的野蛮袭击”）的抗议，甚至退出了建筑协会。而建筑出版社和建筑协会都为新一代学生向现代主义传统发起的挑战提供了象征性的经济支持。

> 每次当我们修建一座建筑时，我们都对人们的生活条件形成了影响，但绝大多数规划者完全没有意识到这一影响的存在。
> ——扬·盖尔

哥本哈根的早年故事：城市作为实验室

当扬·盖尔在1966年着手进行城市与居住区域户外空间使用的研究时，他发现哥本哈根的步行街斯特勒格特大街可以作为一个主要研究区域。1967—1968年间，他记录了大街上全天候、全季节的行人行为与活动。他解释说：“每到周二、周六，无论晴天、下雨还是下雪，我都会到斯特勒格特大街找个地方坐下，看看冬天与夏天、白天与夜晚、工作日与周末这里究竟会发生什么……目的是为了研究在一天、一周、一年各自的循环过程中，城市生活的节奏是如何变化的。”[8]

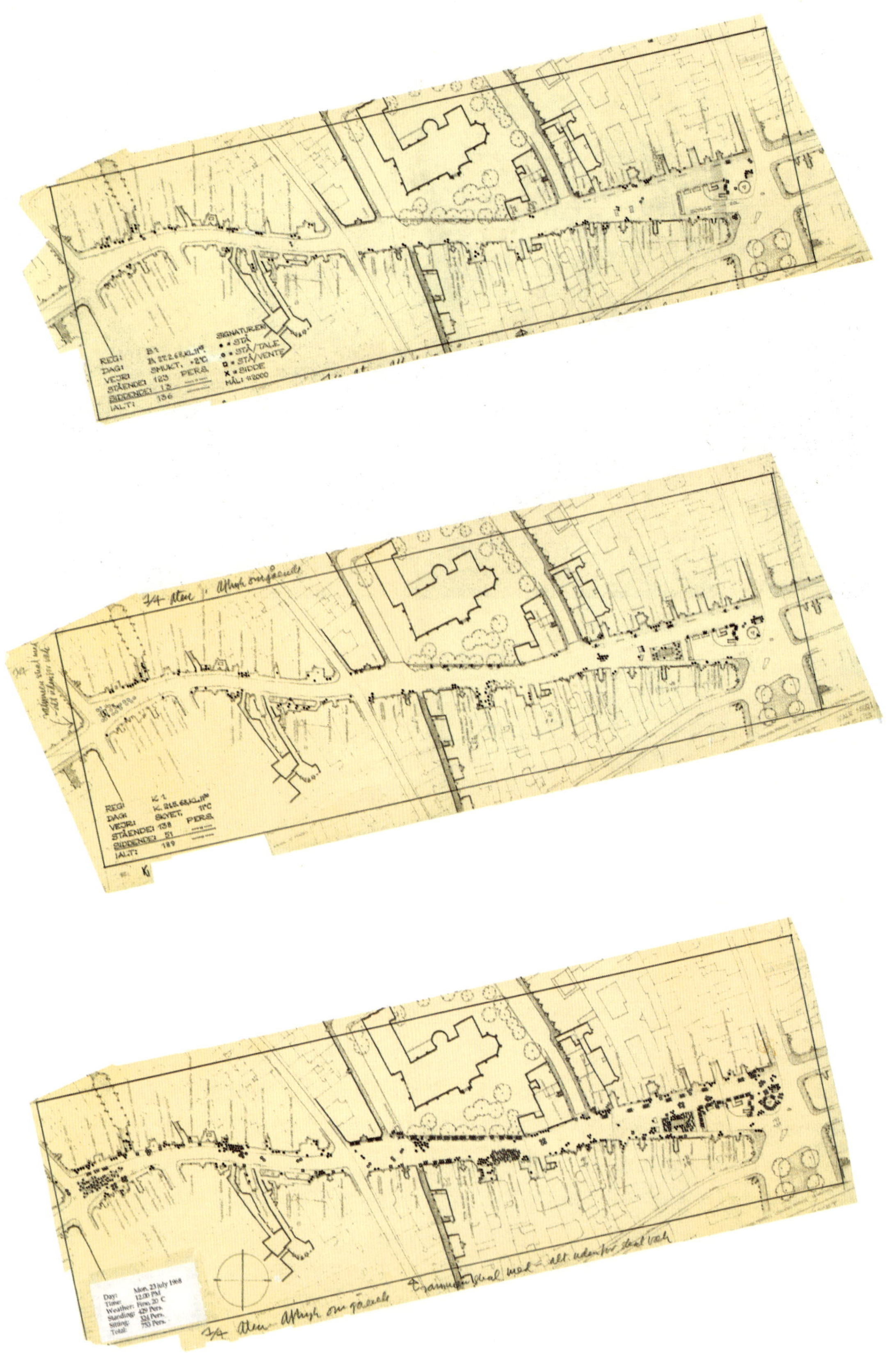

早年对哥本哈根斯特勒格特大街的原始调研记录，标示出 1968 年 2 月、5 月、7 月中央广场上人们停留活动的情况。在不同季节中天气晴好的日子里进行了调研统计。由数据可以看出，夏天的停留活动数量达到了“爆发式的高峰”——此时停留而非路过才是广场上的主要行为方式。

1960 年代末期在斯特勒格特大街上拍摄。电台人员采访正在街上进行调研的扬·盖尔。

斯特勒格特大街刚刚完成步行改造时（1963 年）的照片。人行道上的路肩依然存在，但是越来越多的步行者开始使用整个路面。

在当时，越来越多的研究者（如纽约的W·H·怀特、加利福尼亚的C·亚历山大和D·阿普尔亚德等人）都开始关注人们使用公共空间的方式，但大家共同知晓的方法却不多。扬·盖尔能够援引的研究案例太少，所以他开发了自己的案例。

扬·盖尔详尽研究了公共空间中人类行为的大量重点问题。他对步行速度、落座、人会选择什么地方停留与站立抱有特殊兴趣。他研究了人在5分钟之内步行能走多远，天气如何影响人们使用街道的方式，以及人会选择什么样的地方落座。他发现，与邻近的大型百货商店门口相比，人们倒是更愿意选择在建筑工地前停留。这是因为人乐意看到其他人做事的场景，对无生命的展示品却不太感兴趣。

扬·盖尔将这些研究发现发表在1968年的文章《步行的人》（Mennesker til fods）中。[9]这些深入研究的结果在哥本哈根吸引了城市规划师、商铺业主和政治家的广泛关注。由此开启了一种关注公共空间中生活价值的对话，经久不息，一直持续到今日。

扬·盖尔的调研精确记录了斯特勒格特大街成功改造的案例，作为一个提升公共空间质量以倡导公共生活的项目，它的价值受到了越来越多的政治认可。在斯特勒格特大街步行改造之后，1968年哥本哈根市中心进行了下一阶段的步行改造。但是并非所有人都认可扬·盖尔的思路和研究。1968年，有报纸报道说他在“挥霍研究经费”，而且“学术界居然允许人研究公共生活，这简直是蠢不可及”，因为公共生活“对所有人都显而易见，毫无研究价值”。但是，随着扬·盖尔为政府的预算制定过程提供了坚实的数据支持，他的研究也获得了越来越多的关注。

出版《交往与空间》

在建筑学院，基于他在意大利的研究、他与SPAS小组进行的试验以及他对哥本哈根详尽的案例研究，扬·盖尔对公共空间研究进行了系统梳理。这些研究发现形成了他第一部专著《交往与空间》的基础，该书1971年以丹麦文出版。

在丹麦，《交往与空间》甫一问世就获得了成功，不久之后还在荷兰和丹麦出版。在《交往与空间》一书中，扬·盖尔驳斥了现代主义规划理念，他认为，“在人类定居的整个历史中，街道与广场形成了区域中心和聚会场所，但是随着功能主义的到来，街道与广场实际上被宣告为不受欢迎”。[10]这种设计理念制造出了大量单调乏味的居住区域，丝毫不促进户外生活，对公众也毫无吸引力。扬·盖尔日后著作中那种语气幽默、善于讲故事的风格在这本处女作中没有体现出来。《交往与空间》的语调带着深切的失落感。它“事关生死”——这是一本关于濒于灭绝的“创造街道的艺术”的抗议之书（关于扬·盖尔著作的更多细节，可参见第5章）。

对于修建现代主义城市空间的专业人士以及培养出他们的院校来说，书中的说法显然是刺耳的挑战。英格丽德同样在1971年出版了处女作《Bo-miljø》（生活环境）[11]，内容则是基于她在丹麦建筑研究所对住宅心理影响的研究。英格丽德的著作对现代主义建筑与规划理念持批评态度，她倡导对住房需求给予以人为本的关怀与回应。这部著作同样获得了积极评价。

虽然扬·盖尔和英格丽德夫妇的著作取得了广泛的公众反响，而且他们二人也立即受到媒体追捧，但是在大多数同事中间，其价值还没有立刻显现。

在新闻报道中，扬·盖尔夫妇一直强调城市规划与建筑设计应该关注人的需求与

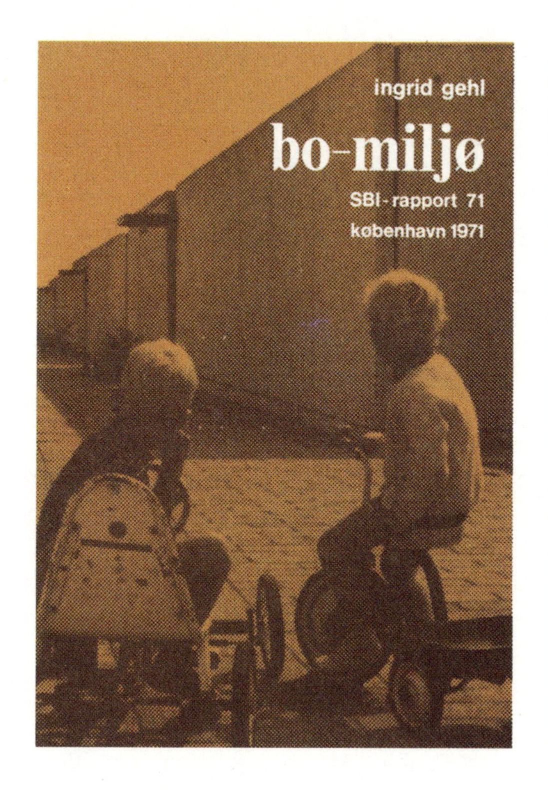

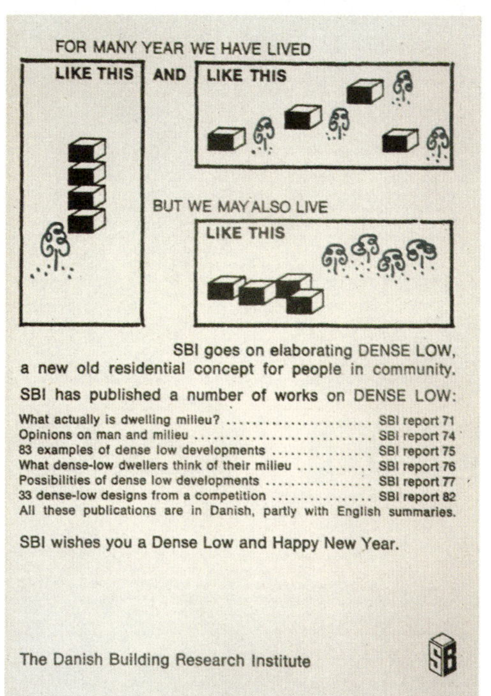

1971 年，英格丽德·盖尔出版了广受好评的著作《生活环境》(Bo-miljø)，讨论了住宅对心理的影响。

丹麦建筑研究所当时组织了一系列大规模的宣传活动，倡导人们注意物理环境的质量；该书即为其中的一项内容。这组宣传活动的意义在研究所制作的 1971 年贺年卡中清晰地体现出来："多年以来，我们的居住环境要么是堆在一起，要么是四处散落，但我们的住宅其实应该紧凑相连。这种模式称为'密集低层住宅'，反映了社会对住宅的急切需求。"

活动。这些报道将让他们能够与公众紧密联系，而且经常会报道其全家（现在已经有 3 个孩子）家居情况，突出表现了他们理念和研究的人性一面。

但是在政治与职业方面，扬·盖尔在这段时间却很不好过。现代主义在规划界和建筑界仍然占据着主要阵地，而由于 1960 年代晚期和 1970 年代早期的学生革命，建筑学院经历了剧烈的变革和调整。

总结

扬·盖尔关注点从早年的教堂修复和住宅项目设计转移到对公共空间的初期研究，并发表了首部著作《交往与空间》。基于他对意大利和丹麦公共空间生活的研究，扬·盖尔形成了独特的城市设计哲学，他确立了"让人变得可见"的方法论，这一理念既受到他妻子英格丽德心理学研究的决定性影响，也源自他本人的坚定信念：仅仅通过系统地观察人们使用城市环境的方式，就可以掌握大量设计原则。

겔 Jan Gehl 초
주제 : Creating a Human Quality in the City : 도시에서 인간적 삶의 창조란?
주최 : 계원조형예술전문대학 후원 : 한국건축가협회 일시 : 1996년 10월 24일 (목) 오후4시~6시 장소 : 계원조형예술

3

理念传播

第3章 理念传播

"我们从前说，我们按照罗伯特·摩西的尺度来做规划，但却会按照简·雅各布斯的标准来评判自己的作品。今天这话已经并非实情了。我们现在是按照扬·盖尔的标准来做自我评判。"[12]

——A·伯德（Amanda Burden），2002—2013年曾任纽约市规划局专员

1960年代和1970年代，在全球范围内针对城市规划出现的若干类似问题和弊病，兴起了一种人性化城市设计运动；扬·盖尔为人民创造更好城市的理念是这一整体运动中的一个部分。倡导这一运动的还有不少其他人物，扬·盖尔接触过其中一些人，受到他们的影响；同样他也对他们的作品产生了一定影响。此外，他还在苏格兰、澳大利亚、加拿大等地从事过教学，在这些地方验证、提炼过自己的理念，随着他的理念在全球各地广泛应用，他的自信逐步增长，同时沟通风格也日臻成熟。

影响与灵感来源

简·雅各布斯（1916—2006年）身兼记者与社区邻里活动家；她与扬·盖尔一样，都相信在规划与设计中需要关注人性化维度。1960年代，雅各布斯通过亲身观察对自己居住的纽约格林尼治村进行了研究。她主张"常识"的重要性，倡导"源自第一手观察、并且处处与民众日常生活紧密相关"的城市规划。[13] 雅各布斯强调了街道作为城市形象表征者的重大意义，她提议读者应该"试想，当你想到一个城市时，你脑中出现的是什么？是街道。如果一个城市的街道看上去很有意思，那这个城市也会显得很有意思；如果一个城市的街道看上去很单调乏味，那么这个城市也会非常乏味单调。"[14] 她考察了那个年代城市设计与建筑设计中出现的各类问题，指出"大写的'建筑'对自身越来越感兴趣，而对使用它的世界则越来越无动于衷"。[15]

对于全球范围内的城市规划师与设计师而言，雅各布斯具有绝对的影响力。她的著作《美国大城市的死与生》（1961年）至今仍为具有活力的城市设计提供着深刻的洞察力。

1968年雅各布斯从纽约迁往多伦多，并在那里度过余生。1972年和1973年，扬·盖尔在多伦多大学执教，当时人人知道雅各布斯就住在几条街之外的地方。但是大家也知道，她不喜欢被好奇成性、随意路过的学院人士打扰。扬·盖尔继续向学生们传播她的城市规划理念，但克制住了打扰她的念头。他的著作当时还没有翻译成英文，而且他感到，作为一个谦卑的欧洲学者，应该与她保持一份恭敬的距离。

因此，虽然雅各布斯的著作为扬·盖尔带来了巨大灵感，但直到他在多伦多任教之后多年，他才与雅各布斯本人直接交流。二

> 建筑关乎生命与形式之间的互动；只有当这种互动有效时，才有好的建筑。如果无效，那作品就只是一种独立艺术品，一种雕塑而已。
> ——Ken Worpole

雅各布斯被称为“人性化城市规划的祖母”，可谓实至名归。扬 · 盖尔起初与她保持一种恭敬的距离，只通过赠书和信件联系，直到职业生涯晚期才与她直接会面。他把其中几封信件用镜框装裱，悬挂在盖尔建筑师事务所办公室的墙上。2001 年，二人在多伦多阿尔巴尼大街 66 号雅各布斯住所的门廊处会面，相谈甚欢（主要谈及新城市主义的潜在优点），也用了一点时间拍摄合影。

亲爱的盖尔博士：

我为您寄来的两本出色著作——《公共空间》和《交往与空间》——向您表达迟到的感谢。尊著体大思精，风格优美，别开生面，我把它们放在起居室的案头随时翻阅。之前没有立即写信致谢，是因为一直忙于撰写明年春天将面世的新著。拙作出版后定当奉上一册，并致歉意与谢意。只愿您了解，尊著对我意义非凡。

再表谢忱，此祝近好！

您诚挚的

简 · 雅各布斯

Dear Dr. Gehl

This is a much too belated thank-you for the two excellent books you sent me --Public Spaces, and Life Between Buildings. They are thoughtful, beautiful and enlightening, and I keep them on my living room table and refer to them often. My only excuse for not having written my appreciation before this is too much concentration on my part on writing my next book which will be out next spring. I'll send you a copy, as a combination apology and thanks. In the meantime, I only hope you realize how much your splendid books mean to me.

With gratitude and very best regards,

Sincerely,

Jane Jacobs

Jane Jacobs

20世纪城市设计时间简表：从现代主义到人性化设计

1960年代以前	1960年代	1970年代	1980年代
1959年 国际现代建筑协会（CIAM）解散	**1960年** 环境－行为学研究 凯文·林奇 《城市的形象》	交通稳静化运动肇始（Joost Waal在荷兰）	**1980年** W·H·怀特 《小型城市空间中的社会生活》
	1961年 简·雅各布斯 《美国大城市的死与生》	**1971年** 扬·盖尔（1987年英文版） 《交往与空间》	**1981年** D·阿普尔亚德 《宜居街道》
	1961年 戈登·卡伦 《简明城镇景观学》	**1977年** C·亚历山大等 《建筑模式语言》	**1987年** C·亚历山大等 《城市设计新理论》
		1977年 A·拉普卜特（Amos Rapoport） 《城市形式的人性方面》	**1988年** W·H·怀特 《城市：重新发现中心》
			1986年 C·C·马库斯（Clare C. Marcus）和W·萨尔基西安（Wendy Sarkissian） 《以人为本的住宅》

从1960年代前到1980年代的人性化城市设计时间简表。这张时间表将扬·盖尔的作品与理论置于同时期人性化城市设计运动的广泛语境中。

者唯一的会面是2001年9月，地点在雅各布斯家的门廊。在此之前，他们以信件和赠书进行过多次交流，扬·盖尔将雅各布斯的几封来信用镜框装裱，悬挂在办公室的墙上。

除了雅各布斯外，在1960—1980年代，还有若干同行在同一领域工作（参见上表）。

扬·盖尔了解这张简表中的所有人，对其中一些人的认知胜过其他几位。他与怀特（1917—1999年）曾在若干场合会面，后者研究了纽约的街道生活与公共空间。怀特受到扬·盖尔作品的影响，《交往与空间》中的方法论对他影响尤其大，他曾在《小型城市空间中的社会生活》[16]、《城市：重新发现中心》[17]等著作中反复提及。

怀特与雅各布斯一样是位记者，他为了观察记录人们在纽约公共空间中的行为，采取了多种方法。据扬·盖尔回忆，怀特对人的生活始终抱有好奇心，他在研究城市中的人类生活时，运用了借自动物行为学和人类学的多种技巧。他特别采用了延时摄影术，这一技术往往用于研究其他物种。怀特对纽约市的研究获得过美国国家地理协会首次颁发的“国内探索资助”。

1976年，扬·盖尔和怀特在纽约相遇，他们讨论了彼此的研究，发现关于公共空间中人类行为方式的很多结论是普适的，无论对意大利城市、哥本哈根还是纽约都适用。扬·盖尔说，这一发现让怀特多少有点惊

讶，因为他曾经认为自己的很多结论都深深植根于纽约本地的居民文化中。

怀特的研究形成了“街道生活项目”，现在则已成为一个名为“公共空间项目”的机构，专业从事场所营造。

1970年代初期，扬·盖尔遇到了英国/瑞典建筑师拉尔夫·厄斯金（Ralph Erskine 1914—2005年），后者的作品曾是其研究灵感的巨大源泉。这次会面为扬·盖尔带来了一个职业生涯里程碑、一种意义重大的支持。厄斯金在多个住宅项目中直觉式地运用了大量以人为本的设计细节，而1970年代与1980年代的其他设计师对此却从未加以考虑。

1971年，扬·盖尔在斯德哥尔摩参加了一次概念设计竞赛，参赛者包括厄斯金、亚历山大和其他若干建筑师，项目内容是为斯德哥尔摩机场附近的迈什塔（Märsta）地区设计一个“无汽车区”。参赛者提出了大量有趣的创意，但对于扬·盖尔来说，最大的收益却来自在此过程中结交的个人关系。他从此与厄斯金保持联络，后来还拜访过厄斯金在纽卡斯尔的办公室。厄斯金在当地设计了一个大型项目，将一批破旧的维多利亚式联排房屋改建成全新的复式公寓，以供劳动阶层居住。他一个街区接着一个街区地实施改造。这个项目称为“拜克尔工程”，特色在于它并不让原住户迁走，而是等新房建好后才让他们搬入。整个项目在初始期首先种

拉尔夫·厄斯金于1969—1981年间在纽卡斯尔设计的拜克尔住宅项目。厄斯金既能设计出美妙的建筑，又会精心布置各项细节，让建筑成为一个善待人的场所。他对首层立面上视平线细部的精心处理，成为他所有项目的一大特色。

1973年，临近黄昏的多伦多北部住宅门廊。

树，因此当住户搬进新居时，他们已经熟悉了那些树木和鸟雀。拜克尔项目的住户们对厄斯金赞不绝口，这让扬·盖尔感到特别振奋。当厄斯金经过这里的街道时，住户们会主动上前攀谈，为他创造的美好生活而表达衷心的谢意。厄斯金在现场的办公室中专门设置了一个房间，用来接待住户家庭中的幼童及青少年。厄斯金关怀人性的设计理念以及本次城市改造工程的渐进式施工方式，让住户的生活每天都在变得更好。扬·盖尔认识到，对于建筑学来说，这是一个重要目标——每天都让人们的生活条件变得更好一点儿。同时，如此大型的改造项目竟能以这样一种人性化方式实施，这也令他大开眼界。而在与厄斯金的会面中，他学到的珍贵一课是：要成为一名好建筑师，你必须热爱民众，因为建筑本身就是支撑民众生活质量的框架。

扬·盖尔还从人类学家E·霍尔（Edward Hall）的对人类沟通的研究中吸取了不少灵感；霍尔在名著《沉默的语言》（The Silent Language）[18]、《隐藏的维度》（The Hidden Dimension）[19]中记录了建筑对人类行为的影响。社会生物学家D·莫里斯（Desmond Morris）也为扬·盖尔的早期作品提供了灵感。莫里斯批判现代主义建筑师完全忽略了人类行为，扬·盖尔的一些最早的灵感始自对其著作的阅读。[20]

走向全球（1971—1978年）：苏格兰、加拿大和澳大利亚

1971年《交往与空间》在丹麦的出版正赶上建筑学院一段动荡岁月。由于政治风波，那段时间扬·盖尔几乎无法正常教学。那正是“学生造反方兴未艾之时，在建筑学院中，如果研究项目与政治经济学并无关联，那么就极难进行下去”。在这种情况下，研究建筑中间的人类生活被视为“纯粹浪费时间，而创造更好城市的努力甚至被当成是通往革命之路上的潜在阻碍！”由于在

1972—1973年在多伦多北部的生活对于盖尔一家来说是绝妙的体验。每栋房子前的门廊都给邻里社区空间创造出了特别友善的氛围。

建筑学院遇到了这样的挑战，而他内心中又怀有出国工作的渴望，所以扬·盖尔多次接受了担任访问教授的邀请，开启一个从事国际研究与教学的阶段。在国际范围内，对他工作的认可与日俱增，其中他的多次演讲以及丹麦文著作起了很大作用，因为——非常幸运——该书包含一个长篇的英文摘要。

这就是他本人全球关注的开端，随之而来的还有他不断增长的国际关系与联络网。在1971—1978年间的几段时间里，扬·盖尔在苏格兰、澳大利亚和加拿大数次担任访问教授，从事教学并继续他的研究。

他的研究仍然以公共空间中建成环境形式对生活的影响为焦点。在这个时期，研究聚焦于住宅区域中的公共空间，特别关注的是门廊（房前走廊）、前院以及住家与街道之间的围栏等过渡元素产生的影响。他进行了一些研究性试验，借助他担任访问教授的大学中的学生小组来验证研究方法。离开原本的教学岗位，反倒为他创造出良机，让他得以全心投入研究。

1971年，扬·盖尔应邀前往苏格兰爱丁堡，在赫瑞·瓦特大学的建筑学院开设关于《交往与空间》的课程。多年之后的1980年代，一个叫D·西姆（David Sim）的学生在同一所学校学习建筑学（他现在成了盖尔建筑师事务所的合伙人和创意总监）。西姆说，他自己在校的时候，扬·盖尔对学校的影响仍然显而易见——扬·盖尔把活生生的城市带到了人们眼前。很多年来，学校一直给学生播放扬·盖尔讲课的录像，所以他的理念历久弥新。出于对他学术贡献的认可，1992年这所大学向扬·盖尔颁发了荣誉博士学位。

在爱丁堡之后，英格丽德和扬·盖尔很想应邀去新西兰的奥克兰大学，可是带着3个孩子进行这样一次旅行太昂贵了，所以一家人转而前往加拿大多伦多，扬·盖尔在那里担任多伦多大学的客座教授（1972–1973年任职）。扬·盖尔不仅担纲大学5年级学生协调员的角色，而且还与英格丽德一起推出了系列讲座，讨论“建筑与城市规划的社会维度”[21]，并获得了极为热烈的接受效果。学生们都来听课，很快教室内就只剩下了站席空间。甚至有些人似乎是从很远的外地专程来到多伦多听讲座。这种强烈的兴趣告诉英格丽德和扬·盖尔，他们确实“走对了路子”——他们基于观察数据以及跨学科密切合作来进行城市设计规划的理念，吸引了大批同行研究者。似乎人性化城市设计具有一种普遍的吸引力，而且显而易见的是，当时丹麦相关领域的研究和实践（尤其是住房研究）远远领先于北美。

在多伦多大学的成功，令其他多家加拿大建筑院校也向他们发出了邀请，然后又收到一家美国大学的邀请。各国的邀请真是纷至沓来，1973 年春天对于夫妇二人特别繁忙。1973 年初密歇根大学和堪萨斯大学的邀请，第一次将扬·盖尔引入美国。根据他的回忆，他当时惊讶地发现所有人都在讨论“城市的安全问题”。而对于同时代的多伦多或斯堪的纳维亚来说，人行道上的交通安全根本不是问题。

上图：1976 年，墨尔本南部联排住宅区街道上的欢快景象。正在修缮屋顶的父亲对街上发生的事简直看入了迷，差点儿从高处掉下来。

1976 年 4 月，扬·盖尔与墨尔本大学的研究小组一起研究墨尔本。

1976 年墨尔本街道研究

研究的重点是住宅区域中公共空间与私有领地之间的交界面，研究表明，“软性交界面”在街道生活中无疑扮演者重要角色。所有街道活动中，有 69% 发生在前院及其附近区域。只有 31% 在街道空间中发生。

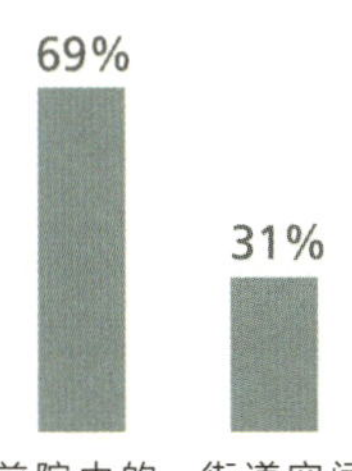

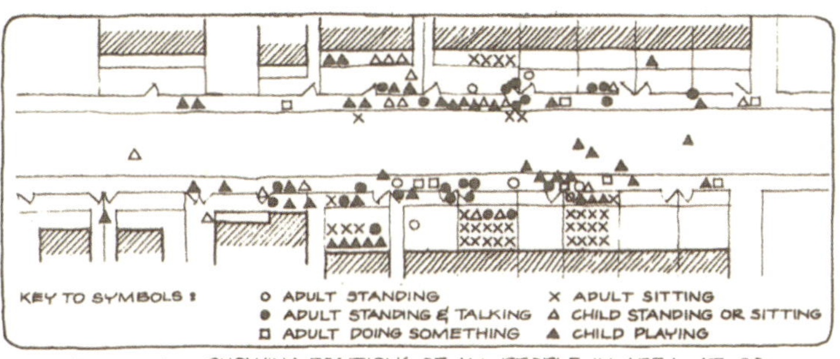

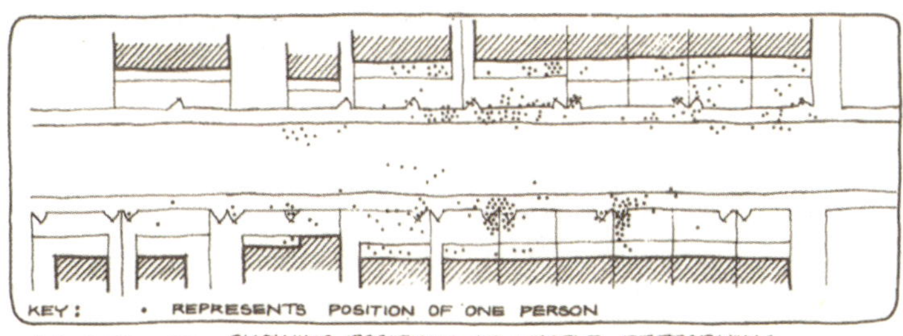

学生们（相互独立地）研究街道生活。学生会在住宅街区中含混地谈起交通安全的重要意义，住户们则表达了衷心的支持。

扬·盖尔在加拿大研究的一个重要课题就是前门廊的功能。他现在还常谈到，当时他们家住在多伦多近郊，每户住宅前都有门廊。每次教学回家后，总有一户邻居会邀请他在自己家门廊处聚会，所以他总是喝了太多马蒂尼酒，摇摇晃晃走回家！扬·盖尔总用这个例子表明，公共空间与私人领域之间的交界面对于形成社群和邻里关系具有极其重要的意义。

自 1976 年开始的多年时间中，扬·盖尔在若干澳大利亚城市开展工作，并对这些城市的规划施加了影响。当时，他获得墨尔本大学建筑学院 Nell Norris 研究项目资助，在该校开设一系列课程，主题是住宅街区之

1977 年在安大略省基秦拿－滑铁卢地区的街道研究

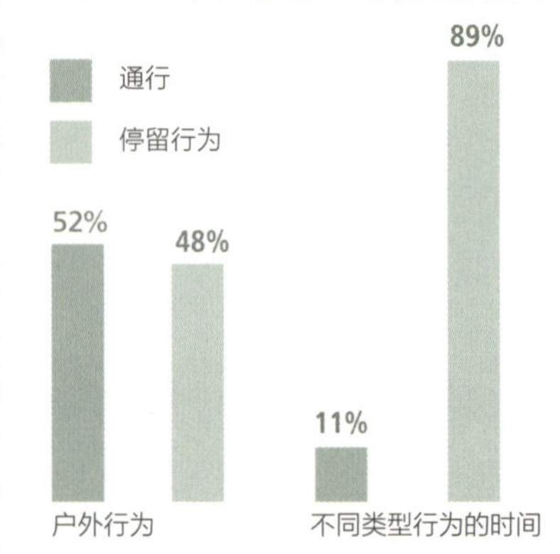

1977 年，加拿大滑铁卢大学的学生组织了另一次街道生活研究。调研在滑铁卢、基秦拿（Kitchener）等地总共 12 条街道上进行。本次调研的侧重点是研究不同类型行为花费的时间，并考察“花费的时间”长短是如何影响街区活力的。来往于住宅内外的活动占活动总数的 52%，但这种通行活动在总花费时间中只占很少一部分，因此对街道的活跃程度贡献度很低。

在西澳大利亚市郊研究街道生活，是扬·盖尔研究生涯中最为枯燥无聊的一段时日。照片中有两处亮点：一个邻居正在浇灌草坪（使用自动设备）；学童们经过公路步行回家（根据原初规划他们不该这样走）。

1978 年珀斯郊区研究

1978 年，作为西澳大利亚大学的访问学者，扬·盖尔开展了一项全新的研究，主题是广受推崇的、将步行与汽车交通截然分开的“安全交通区域”。正如预料的一样，这类区域的实际运用并非像交通工程师原先设想的那样高效。由案例可知，人们总爱抄近道，而小孩总在活动最频繁的地方（也就是汽车道路上）玩耍。原本应该更安全的设计，在现实生活中却不太安全。下图：珀斯市郊克莱斯特伍德（Crestwood）地区的活动示意图。

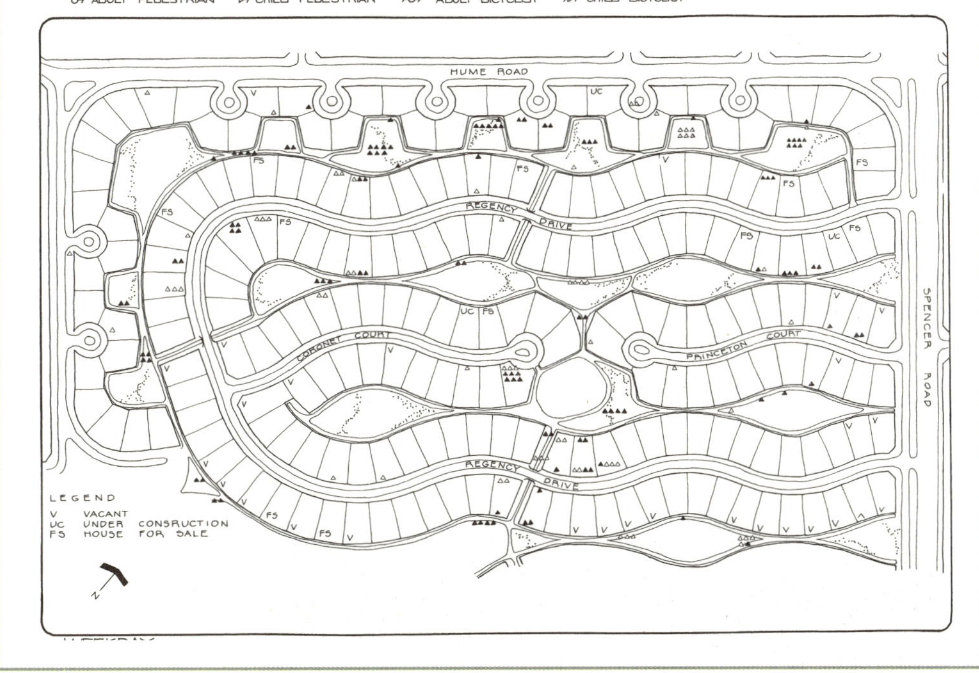

间的交界面，以及这些交界面上进行的活动类型与限度。该年秋天，扬·盖尔与 33 名学生一起，借助行为图和日记等方式，对新老住宅街区中的人类活动差异进行了研究。研究成果以小册子《住宅区域中的公共区域与私有区域间的交界面》的形式发表。[22] 选择的 17 条街道不仅在设计上有差异，而且在族群、收入水平等其他方面也区别很大。这项研究突出体现了私有领域（住家，尤其是其前院和建筑立面）与公共领域（街道）之间交界面的重要性。老式街区上的住宅大多有一个小型前院，由低矮的栅栏围起来，中间与步道相连；而新街区上的住宅则从街面退后很远，房前是大片草地。研究表明，两类街道在周末都会有很多活动，但活动性质截然不同。老式街区上的活动大多是社交、娱

1978 年墨尔本、悉尼和阿德莱德的街道研究

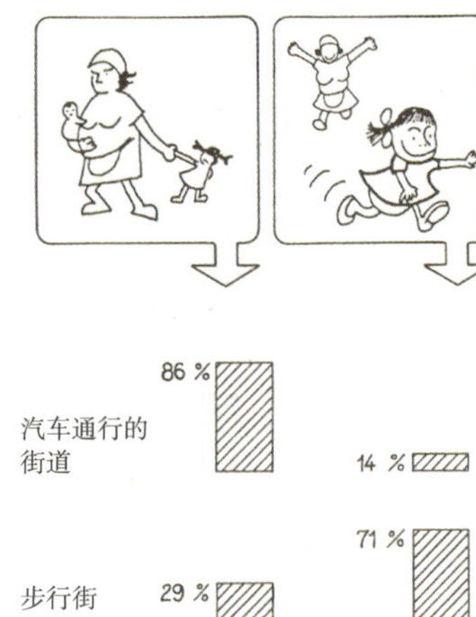

1978 年扬 · 盖尔访问了墨尔本大学和皇家墨尔本理工大学，对三种类型的街道进行了研究：步行街、包含汽车交通的步行街，以及铺设人行道的普通街道。毫不奇怪的是，在步行街和普通街道中，人们的活动和行为模式有着极大差异。但值得提及的是，哪怕混入一点儿汽车交通，或者偶尔让有轨电车经过，就会对步行街上的街道生活产生非常严重的负面效应。

这就是恐惧的代价。上面的数字是澳大利亚 0—6 岁儿童在普通街道与步行街道上出现的计数对比。在汽车交通道，没有孩子会被允许在人行道上自由跑动，而步行街上的大人则根本不必抓着孩子的手。

墨尔本街道上的长椅人满为患（左图）。研究小组劝说市政建筑师再借给他们 10 张公园长椅。长椅按照学生们预定的方案摆放，仅仅一天之后，在墨尔本长椅上就座的人数翻了一番。

乐性的，比如聚餐、饮茶，或者干脆就是在室外聊天闲逛。而新的市郊街区上，周末活动主要是园艺劳动。在新型区域里，住宅从街面退后过多，无助于在邻里之间、经过步道的路人与住家之间产生互动。[23] 研究发现，如果住宅设置了“软性交界面”——也就是说一个渐变式的过渡区域，由低矮栅栏、小型前院、小规模前廊等元素构成——那么就有助于促进居民之间的高度互动。扬·盖尔和学生们主张，“这个渐变式缓冲地带”给“公共与私密之间营造出过渡，既以多种形式提供了私密的内在可能性，又以放松、简易可控的方式促成了社交活动的进行”，而且在这种软性过渡中，“开放了介于公共与私密二者之间便于人们自行选择的多种可能性”。[24] 当该项目的合作作者 Thornton 和 Brack 回忆这次调研时，他们提到扬·盖尔在行文中使用的“邻里关系”、“幸福感”、“友谊”等表述，而这些“氛围特征的营造都受到了建成环境形式的影响”[25]——这一切与当时通行的建筑学或城市规划语汇迥然不同。软性边缘是一个扬·盖尔的研究中反复出现的主题，不仅运用于住宅街区，也适用于商业街区。

1977 年，扬·盖尔回到加拿大，在多伦多南部的滑铁卢大学建筑学院从事教学。在这里，他开展了类似于墨尔本的研究，考察的是 12 个住宅街区中的人类活动模式，其中既包括完全分立建设的住宅，也包括半分立住宅。这项研究的重要性在于，它不仅考察了公共空间中的活动次数，更强调了活动时长的重要性。调研表明，街区中最频繁的活动就是离家 - 回家的行进。但是这类活动通常时间短暂，大约只占整体“街道生活”时长的 10%。[26] 就座、观望、孩子玩耍、园艺劳动等时长更高的活动，对街道活跃度更加重要，贡献了街区 90% 的活动时长。

虽然我们回顾时会认为这个结论不言而喻，但在当时它却为对公共空间使用的研究提供了全新洞察。扬·盖尔此后还将持续考察“作为公共空间生活决定性因素”的活动时长概念。[27]

1978 年末，扬·盖尔回到墨尔本，在墨尔本大学和皇家墨尔本理工大学执教。他再一次与学生们一起开展调研，比照了不同类型的街道，其中包括步行街、步行 - 有轨电车混合街道以及普通的汽车通行街道，研究方法有步行计数、行为图示和观察。研究对象包括墨尔本、悉尼和阿德莱德三个城市的街道，其中体现出相当大的行为模式差异。研究发现，步行街上哪怕只有很少的有轨电车或汽车，就会立刻改变人们的活动模式，其原因是对个人安全以及在场儿童安全顾虑的大幅提升。

基于扬·盖尔 1976 年在墨尔本进行的调研，珀斯的西澳大利亚大学（UWA）也在 1978 年邀请他去执教。在 UWA，扬·盖尔组织学生，在当时刚刚竣工的索恩利地区（Thornlie）克莱斯特伍德住宅区进行了调研。这个住宅区的规划遵从“拉德本”（Radburn）设计原则，将车辆交通与步行交通截然分开，算得上当时最前沿的交通安全设计。整个住宅区的步行路线与汽车通行道路完全分离，车辆从街道一侧通行，步行道则在公园一侧。这个设计方式被视为一种创新，能够提升生活质量和交通安全。这样一来，住宅区中的开放空间比当时珀斯的传统住宅区要大得多，每栋房子都朝向街道与公园（当时的传统设计中房子只朝向街道）。

通过观察调研，扬·盖尔与学生们发现，住宅区中主要的活动区域并非出现在交通工程师预想的地段——人始终还是要抄近道，而小孩总喜欢在最热闹的地方玩——这也就是车辆通过街道的地方。经过这项调研，周边郊区土地继续开发时就采取了更惯常的设计方式，街道区域主要服务于住宅居民。西澳大利亚的其他若干郊区曾经也采用了这种现代主义形式的交通路线分离设计，此后则相继抛弃了“内外有别”的模式，回归传统街道规划。分离式交通路线设计理念从此再也无人问津。

发展普适理念

在这个阶段，扬·盖尔形成了独特的演示表达风格，他善于使用取自真实人物、真实生活的故事作为例证。人们日常使用公共空间的故事和照片，以非常有趣好玩的形式展示出来，这成了他的标志性特色。尤其重要的是，他善于拍摄人物的实景照片，让观众感到如同身临其境。这与传统的建筑演示完全不同：通常人们展示的大多是建筑方案图或者概念草图，哪怕其中有人物出现，也是一些无特征的人群。扬·盖尔的讲座“活力四射地将见解与事实结合在一起，而他本人对此显然经过深思熟虑。”[28]

总结

在当代城市设计史上，扬·盖尔是一位巨人；也像历史上所有巨人一样，他是站在别人肩膀上取得了成就。而扬·盖尔的独特之处在于，他不仅对现代主义设计思维发起了强有力的挑战，而且还提出了行之有效的解决方案。他向人们说明，如何通过一系列实际步骤来达成目标。而在此之前，他首先获得了一项自信：他对城市中人们行为的观察结论是普适的。扬·盖尔发现：“在世界各地，文化、气候判然有别，但人性始终如一。如果你创造出好的公共场所，人们就会在那里相聚。”

第一个例子：用照片讲故事

在扬·盖尔的历次讲座中有一个共同点：他总是会从自己生活经验中选取特征鲜明的照片，或者幽默风趣的小故事。以下例子都取自扬·盖尔的讲座。

要是建筑师忘了设计从家里通向花园的通道，你会怎么做？大概会自己架个梯子，然后带上所有户外休闲用品，到花园里享受一番。

在德国科隆见到的标志。上面文字的意思是：带女儿的母亲经过这里时要当心！

在波兰见到的标志。文字意思大概是：行人在此人行道上行走时应将双臂并拢夹紧体侧。

一条规律：如果长椅背面比正面更有活力，则人们要么不使用长椅，要么会按照全新的、有趣的方式使用之。

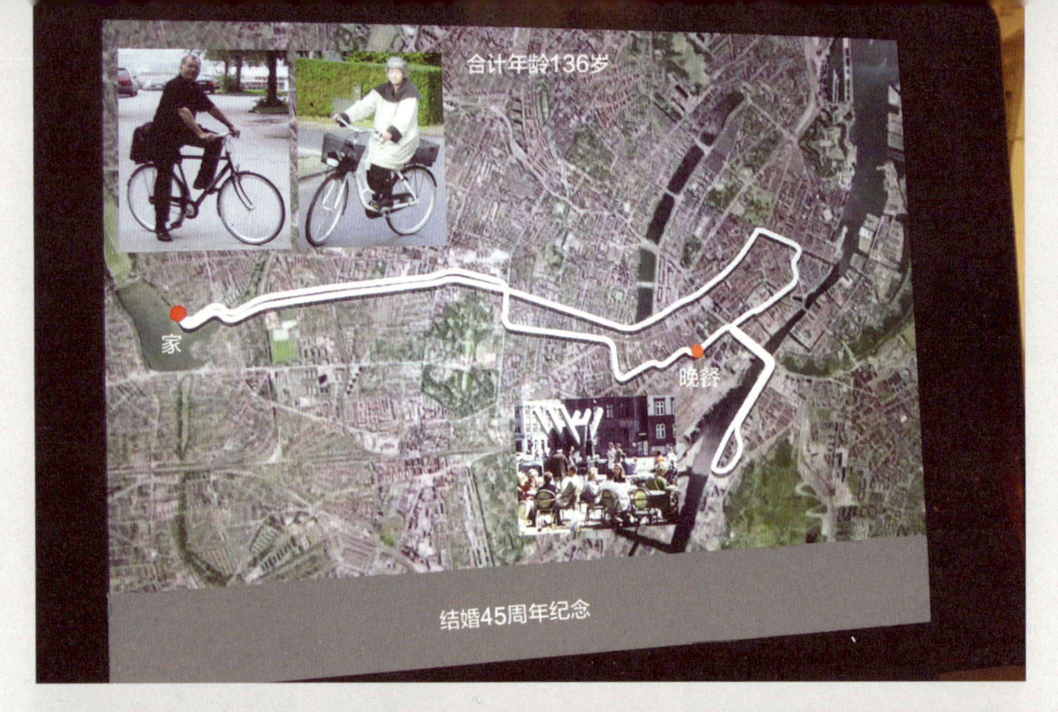

第二个例子：结婚 45 周年纪念

扬·盖尔以自己结婚 45 周年纪念活动为例，讲解真正“适宜骑行的城市”是什么样的。扬·盖尔和英格丽德在结婚 45 周年之际都在 70 岁上下（一人超过，一人未满 70 岁）。为了庆祝这个纪念日，他俩骑车从家出发，经过若干迂回和停留，路过闹市区的各种有意思的地段，最后到达晚餐地点。全程骑行 20 公里，但是给人的感觉却轻而易举，这全要归功于专属的自行车道。这个行程体现了城市中骑行的便捷程度，它不仅提供了交通上的便利，更给人提供了参与、享受城市生活的便利机会。扬·盖尔把这段行程的路线图和他做讲座的城市地图叠加在一起，一目了然地说明：这些城市不仅缺乏骑行基础设施，更缺乏享受城市生活的机会与可能性。

第三个例子：即兴行为与计划行为

墨尔本街景。门口一平方米，远胜街角十平方米。

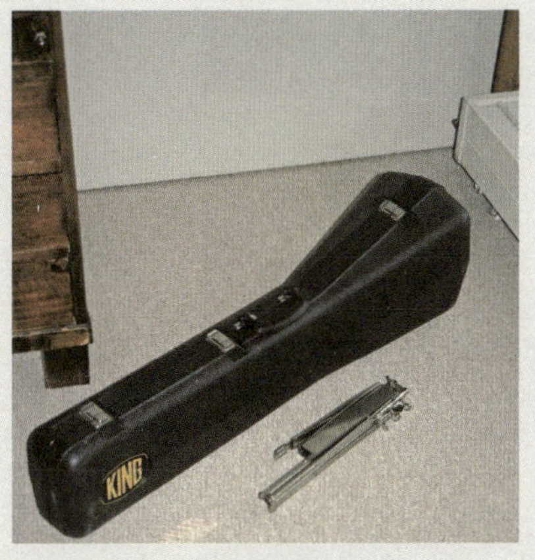

两支长号的故事。第一支整齐地放在盒子里。要想演奏，先要打开盒子，组装乐器，调音，可能还需要架起乐谱，然后才能真正吹起来。过程复杂的行动需要精心计划。另一支长号就随手放在身边，组装好、调好了音。随时准备好演奏。

扬·盖尔常常因为自己没时间练习乐器而感到内疚，但是他发现，如果长号总在手边，不需要复杂的开箱准备过程，那么他就会频繁练习。他会即兴演奏，随着机缘灵感的引领而起止。扬·盖尔用这个例子表明，应该给即兴行为创造空间。有些事情是随兴致而来的，无须精心计划。从这个视角出发，才能理解行为模式之间的区别：一方面是住在高层公寓里的人，每次到户外活动都要提前计划；另一方面是首层住户，门廊朝街，可以随时走到户外。

凡爵乐队

扬·盖尔总是想吹长号。1979 年，他总算下决心买了一支，很快邻里社区的其他老男孩们（包括一个老女孩）也拿起乐器，组织起了乐队，名字叫作凡爵（Vanjazztic），“凡”是社区地名凡洛斯（Vanløse）的简称，“爵”则代表爵士乐。通常是五重奏组合——不过乐手却有 7 人之多，演奏传统新奥尔良风格的爵士乐。当时所有成员都是四十岁出头，也都有十多岁的小孩。他们请来一位教练指导，逐渐摸到了音乐的门，年头越久，合作经验越多，也越来越默契。扬·盖尔如今已经在乐队表演 37 年了，这成为他最珍爱的活动之一。每逢街道庆典游行、宗教音乐会、步行 21 大会、生日、纪念日以及各种派对，他们都会演奏一番。

第四个例子：你们哥本哈根是不是赶上了生育高峰？

2009年10月，正值《交往与空间》越南文版出版之际，扬·盖尔应邀前往越南。他这次遇到了兰女士（Mrs Lan），她当时是河内的丹麦使馆工作人员，刚去过哥本哈根，所以真心认为丹麦正赶上了一次生育高峰。扬·盖尔当然不明白这是怎么回事。事实上，丹麦不仅绝对没有生育高峰，而且还有点儿出生率降低的问题。随着交谈深入，大家才明白兰女士的感受：她发现哥本哈根街头的小孩多得异乎寻常。所以，其实不是什么生育高峰，而是一个街道上、广场上、公园里满是小孩的城市带来的印象。四处熙熙攘攘的都是小孩，在人行道上走、在公园和广场上玩，更重要的是，全城都有很多小孩要么自己骑车，要么被骑车人带着。对于孩子来说，这是一个好的城市。

城市街道上和广场上的小孩、老人数量很多，这是高质量城市生活的显著标志。

HOW TO
STUDY
PUBLIC
LIFE
Jan Gehl &

4

哥本哈根是个实验室

第 4 章　哥本哈根是个实验室

如果没有建筑学院的公共生活研究，我们这些政治家就不会有勇气去实现那么多增进城市魅力的项目。

——B·弗罗斯特（Bente Frost），1994—1997 年曾任哥本哈根建筑与规划部门主管

多次在其他大洲高等院校担任访问学者之后，扬·盖尔于 1976 年回到丹麦皇家艺术学院建筑学院，重启教学和研究工作。他又开始关注这个城市中发生的变化。

1978 年建筑师拉尔斯·吉姆松加入了扬·盖尔教学研究团队，成为扬·盖尔长期合作的同事。他们两人作为核心，形成了一个研究哥本哈根的专门小组，在经过一段时间与市政府当局不断加深的合作，发展出一种“诚挚、良性的政－研伙伴关系”。在这个阶段，扬·盖尔以往研究的各项要素开始组合起来，形成了一个整体。拉尔斯·吉姆松、扬·盖尔以及城市设计系的其他同仁一起，承担了走访丹麦每座城市的任务，专门

1950 年代，市中心的 18 个广场全都成了停车场。而当斯特勒格特大街改造后的若干年内，所有 18 个广场也都进行了人性化改造。下图：邻接的旧广场与新广场（Gammeltorv/Nytorv），1956 年和 2006 年照片

直到1980年，著名的河畔街道Nyhavn还是一个要承载90多辆汽车的停车场。1980年起，该街道开始禁行汽车，一下子就被人的活动占领了。自此，这里成为市内最受欢迎的广场。上图：1979年Nyhavn大街是个停车场。下图：2007年Nyhavn大街是个魅力无穷、极受民众欢迎的公共空间。

评估其公共空间。调研成果形成了《更好的城市空间》（Bedre Byrum）一书，1990年出版，对丹麦各地城市的公共空间营造政策发挥了实质性影响。

1986年的公共空间－公共生活研究

前文提到过，就像全球各地的大多数城市一样，当时哥本哈根的规划也是现代主义风格，其关注焦点是汽车，而不是人。1956年市内第一条封闭高速路建成，贯穿北部郊区。很快，中世纪风格的市中心塞满了汽车，把人从原本的公共空间中挤走。市政府制订了方案，计划在这座历史名城中修建更多的高速路，迎接一个“以汽车为中心”的未来。虽然在1960年代城市的核心地带也进行了步行、骑行基础设施方面的试验，甚至还在斯特勒格特大街改造等项目上取得了相当大的成功（正如扬·盖尔研究显示的那

1983年，扬·盖尔在加利福尼亚大学伯克利分校做访问学者，他将一次课程的主题设为“在伯克利骑行”。

在全球院校担任访问学者

1980年代，扬·盖尔的工作主要集中在斯堪的纳维亚，不过他也继续参与国际学术合作，其中就包括1983年在加利福尼亚大学伯克利分校担纲D·阿普尔亚德课程的客座教学，时间正是阿普尔亚德在希腊因车祸去世后的那个学期。这是一个重要阶段，因为伯克利的人性化城市设计研究中心，当时在全球也屈指可数。在伯克利，扬·盖尔与一批投缘的学者相遇并共事：艾伦·雅各布斯、C·C·马库斯和P·博塞尔曼。他们之间形成了深厚友情，其中P·博塞尔曼尤为突出。1996年之后，扬·盖尔出版的一批著作中，P·博塞尔曼起到了重要作用，被称为“既是知己，又是诤友”。（扬·盖尔的所有著作都引述了P·博塞尔曼，而且还经常将其列入研究团队）。

1985年扬·盖尔又去伯克利做访问学者，其后还访问了全球的其他很多院校。在这之中，1986年到东德德累斯顿的访问尤为突出。时值柏林墙拆除前的最后几年，扬·盖尔在东德进行了两周教学，这次经历特别有意思，因为他发现学生对未来相当冷漠、信心不高；反倒是对人性化建筑与规划方面的知识充满兴趣，因为这个领域在东德饱受忽视。根据扬·盖尔回忆，教授们对此课题无动于衷，但是学生们显然很关注。这次访问属于学术交流计划的一部分，东德教授可以到西方访问，而他们特别关心的则是购物环节。对于大多数丹麦学者来说，去德累斯顿教学没什么吸引力，不过扬·盖尔却自愿参加，因为他听说那里的学生渴望了解人性化建筑设计。

此外，扬·盖尔作为访问学者进行过教学和研究的地方还有：墨西哥的瓜达拉哈拉（1983年）、团结工会时期的波兰弗罗茨瓦夫（1987年）、印度尼西亚雅加达（2004年）、种族隔离结束后焕然一新的南非开普敦（2001年）、哥斯达黎加圣何塞（2006年）；这些访问与他在哥本哈根的学术工作交织在一起，扩展了他对全球各地实际情况的经验与知识。

2000年访问印度尼西亚。

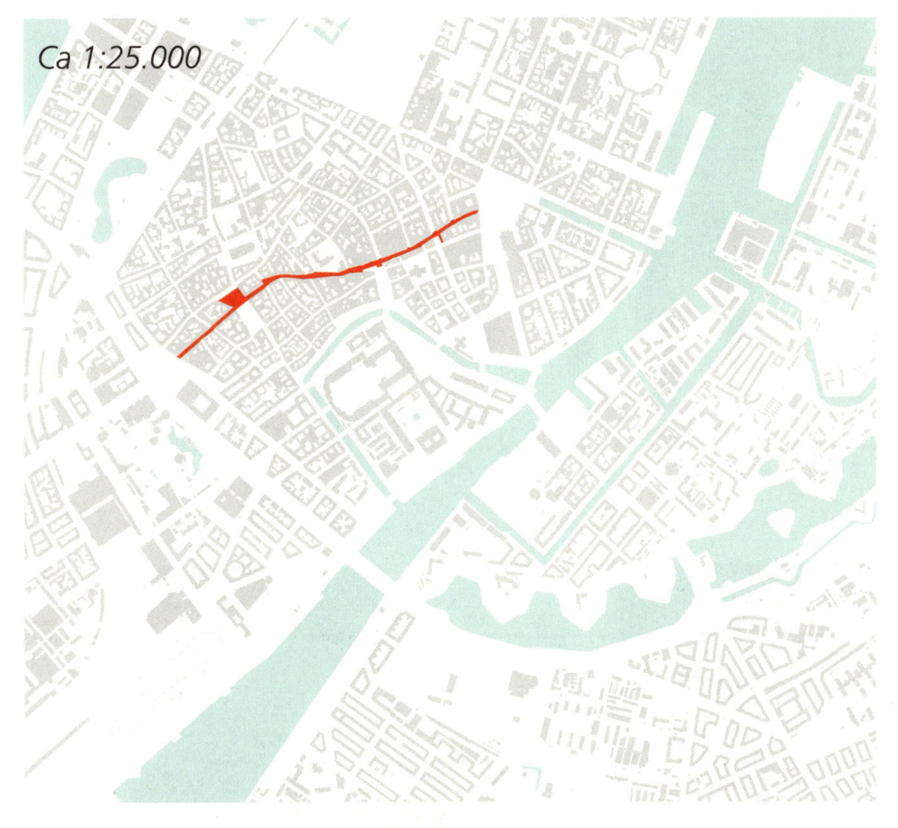

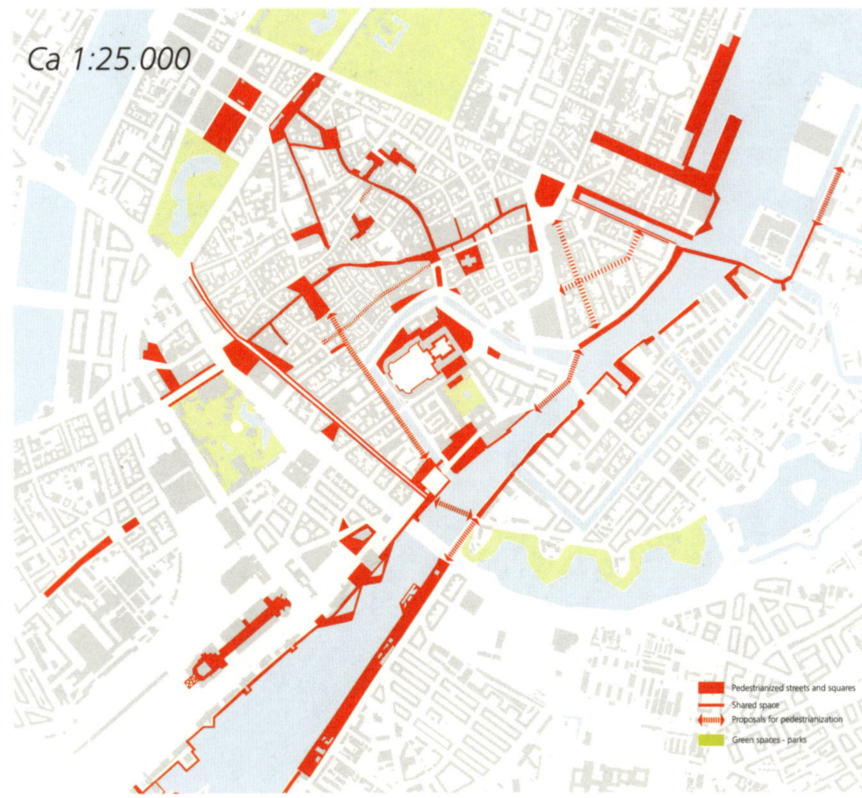

从 1962 年到 2016 年（及未来愿景中）哥本哈根市中心人性化空间的发展。

上图：斯特勒格特大街步行改造后，1962 年市中心提供的人性化空间

下图：2016 年的人性化景观（包括若干未完工项目）。年复一年，哥本哈根变得对人们越来越友好。

哥本哈根的人性化空间发展经历了三个界限分明的阶段：第一阶段：1960—1980 年，开设了步行街以及步行优先的街道，强调步行与散步。

第二阶段：1980—2000 年，关注的是在城市中创造适合人们停留的场所，强调让人们坐下享受城市生活，突出卡布奇诺咖啡文化和各种文化活动。

第三阶段：2000 年以后，关注方向越来越侧重于体育、活动和游戏，强调各类运动与活动。

样），但是现代主义规划还是居于主导地位，进行的项目包括1972年取消了最后一批有轨电车线路。

转机始自1973年的石油危机。丹麦受到石油禁运的严重影响。国家不得不倡导“周日不开车”，来应对石油短缺。石油的短缺，为阻止哥本哈根修建贯通高速路的城市运动提供了充分理由。市政府早就通过了一系列修建高速路的现代主义规划，其中包括1958年的“城西规划”，1964年的“环湖规划”（Søringen）。如果得以实施，那么在维斯特布罗的住宅区附近的湖边就会建成12车道的高速路。这一规划需要把广为公众喜爱的湖泊部分填平，并且拆除部分现有住宅。市民发起了针对这一规划的抗议活动，同样也反对修建现代主义风格的高层建筑街区。扬·盖尔的密友M·瓦明（Michael Varming）策划了一个活动，在湖泊中投放了大量漂浮物，借此让人们看到，如果高速路动工，会有多大面积的湖面要消失。还有一些抗议者则放起了热气球，展示高层酒店林立的效果。1974年，哥本哈根市政府取消了高速路和现代主义城市改造的规划。[29] 丹麦政府为此削减了该市的交通经费支持，哥本哈根只能实施一些低成本的项目——比如设立自行车道。由此开始，市政府专注于改善公共空间，保护环境，鼓励人们骑车而非开车出行。[30]

正如我们在第2章中讲到的那样，1967—1968年，扬·盖尔展开了一项逐日进行的调研，观察城市中新改造出来的步行区域是如何对人们起作用的。这份研究最初发表在

哥本哈根市政府在后续年月中一直出版规划文档，表明他们将公共生活作为一项重要元素融入规划中。2009年，市议会审议通过了《人性化的大都市》战略文档，其中明确表示，哥本哈根致力于成为全球最佳的人性化城市。

在目前这个强调活动、体育与享受体验的阶段，一个最重要的全新公共空间是啤酒港（Brygge Harbour）岸前公园项目，它直接在码头上放置了迷人的游泳设施。而在多年环保努力之下，港口的水质已经非常清澈，足以供人游泳。

1968 年的《建筑师》刊物中，记录了早期步行街改造项目的成功。1973 年，城市改造引入了大规模的扩展，形成了从市中心一端到另一端的步行道路网络。大约与此同时，全球很多其他城市也开始对主要街道实施步行改造。区别在于，那些城市只改造了一到两个街区。而在哥本哈根，步行街形成了贯穿市中心的网络，这是对步行者的诚挚邀约。

在 1970 年代和 1980 年代，城市改造的重心从步行街转移到了营造更多的步行广场上，其中一个典型案例就是对河畔大街 Nyhavn 的步行化改造，这条大街最后转化为一个长条形广场。该地由此逐渐成为城市的标志，招徕了越来越多的游客。

扬·盖尔和他在建筑学院的研究团队一起，持续记录人们使用城市的方式，以及人们对步行化网络中各项新加入元素的反应。这些小规模研究汇总成为一项长篇调研，发表于 1986 年的《建筑师》中。这些研究合在一起，就是扬·盖尔的“招牌方法论”——“公共空间 – 公共生活”调研。有了这些调研结果，哥本哈根成为世上第一个系统化记录民众对其使用方式的城市。

1986 年的研究发现，在主要街道上的行人数量基本与 1960 年代一致，因为经过步行化改造之后，街道很快就达到了其最大承载量。发生较大变化的，是在街道和广场中停留、消磨时间的人数。数据表明，市中心越来越有活力。哥本哈根一步步地将城市中心地带转化为了一个人性化的区域，而扬·盖尔对这个过程进行了系统记录。

1986 年的调研报告成为“建筑学院中的研究者与市政厅中的政治家、规划师之间紧密协作的催化剂”。[31] 每当市政府对公共空间实施某种改造后，扬·盖尔就与学生及研究同仁一起把这个改造对公共生活的影响记录下来。他们以公共生活研究为主题举办了多次研讨班和会议，对城市的变化展开了

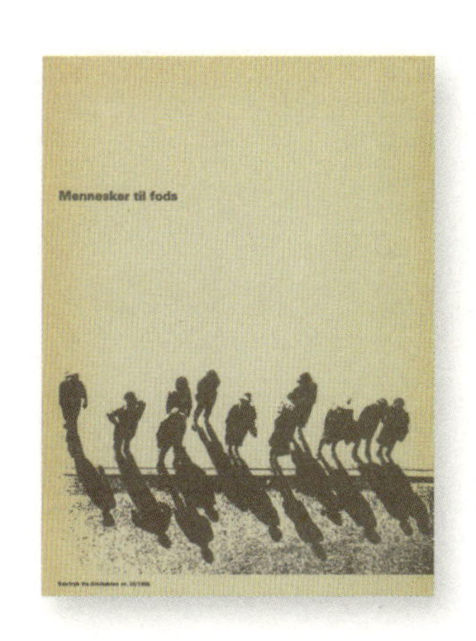

《步行的人》(Mennesker til fods)，1968 年

《公共生活 1986》(Byliv1986)

《公共空间—公共生活，哥本哈根 1996》(Byens rum – byens liv, København 1996)

《新城市生活》(Det nye byliv)，2006 年

建筑学院的研究团队在 1968—2006 年间对哥本哈根的公共生活进行了 4 项重要研究，这些研究也逐渐对城市的公共空间政策产生了重大影响。

广泛讨论。通过建筑学院发表的诸项研究，市政府在人性化规划方向上的举措受到了鼓励。借助这样一个过程，建筑学院提供了理论支持和文献记录，而市政府则从中获得了筚路蓝缕的灵感与激励。这种合作关系让哥本哈根市的公共空间规划得以持续验证，不断完善。扬·盖尔在公共研究中心时曾经撰写过一本小册子，其中谈到了上述合作关系：“公共空间－公共生活研究项目负责提供理论支持，并就人性化空间起作用的方式、城市生活的相应发展方式收集了大量数据；而哥本哈根市政府的规划师和政治家则能够把这些理论依据与研究结果运用于他们的论证和规划中。”[32]

哥本哈根市政府制定的政策、实施的工程为城市创造出迷人的公共空间，市民对此非常满意。扬·盖尔的研究收集了市民的相关意见，提供了充分证据，因此也让政治家和规划师们感到欣慰。而这样的成功政绩随后又让市政府能够给步行交通和公共生活提供更多的政策倾斜，这一直延续至今。

虽然哥本哈根的研究原本只是为了服务于本地受众，但其模式为后续研究提供了范例。研究的动力源自对人们使用空间方式的好奇心。在这个研究过程中，扬·盖尔发展出了一套公式，后续实践表明这些公式对全球各国城市都适用：首先在城市中做调研，然后制定愿景，确定一系列步骤，循序渐进地提高投入程度，然后（也是最重要的一点）是，通过充分展示说明人性化城市的概念架构，让城市中的专业人士与政治家在每个阶段都携手合作。

“公共空间－公共生活”调研致力于让人以及人对公共空间的使用变得可见，并把这些问题放置在城市规划的首要位置。扬·盖尔说，他们“记录了公共生活与公共空间之间的交互作用……确保人与公共生活在城市规划过程中获得必要的重视。”[33]

2003 年，Realdania 建筑环境基金会提供了一项慷慨的资助，令建筑学院的公共空间研究中心能够大幅扩张。基金会认为有必要对该中心进行的人性化城市规划研究给予支持和提升。扬·盖尔在这个中心保持着国际视野，用英语讲授城市设计课程，吸引了大量国际学生参与研究。

这是一段非常活跃的时期。中心有十名研究人员，包括两名博士生，实施“与建筑近距离相遇”[41] 及“路过或停留，2006”等研究项目。中心进行的另一项重点研究项目，是对哥本哈根进行一次新的公共空间 – 公共生活调研，延续每隔十年举办一次的传统。这次调研的成果出版为《新城市生活》一书（扬·盖尔与吉姆松、基尔克卢斯和森诺高合著，2006 年，详见第 5 章）。[42]

在这些学术活动中间，中心还承办了两次重要国际会议：2004 年的步行 21（WALK 21）人性化城市大会，2006 年的公共空间 – 公共生活研讨会。此外还有许多课程、研讨会、研讨班，都以公共空间与公共生活为主题。

2006 年扬·盖尔年满 70 岁，在中心主任岗位上也任职了 3 年。根据公职人员退休的规定，他从建筑学院光荣退休。这时建筑学院选派的新主任接管了中心，意图改变其研究方向，从人性化城市研究转向面向形式的景观建筑与设计研究。Realdania 基金会为此撤回了它的资助，因为其本意就是专门赞助“人性化研究”。经过这次风波，中心原先的学生和研究者大都离职，转往盖尔建筑师事务所上班（当时这家事务所已经成功开业数年）。这让该企业的团队力量大为扩充，将咨询工作和研究工作充分结合。

扬·盖尔退休之际，中心人员为他举办了一次告别晚会，大家合影留念。扬·盖尔经常把这个研究团队称为“梦之队”，这也是他多年苦心经营的结果。前排从左到右：Ai Sakurai, Helle Juul, 索菲娅·安德森（Sofia Andersen），扬·盖尔，卡米拉·里克特·弗里斯·凡·德乌斯（Camilla Ricter Friis van Deurs），Britt S. Søndergaard, Sia Kirknæs。第二排从左到右：S·赖格斯塔德（Solveig Reigstad），主任 R·亚当斯（Rob Adams），来自墨尔本大学的访问学生 S·安德森（Susanne Andersen），J·科尔巴兰（Javier Corvalán），拉尔斯·吉姆松（Lars Gemzøe），来访学生，米克尔·明德戛德 – 米勒兹（Mikkel Mindegaard-M ü llertz）。

边缘地带——建筑与城市相遇之处

停留聊天

进入与离开

沿建筑行走

在建筑旁站立

稍作停留

在门口站立

在建筑旁购物

与建筑交互

观看陈列物

中心 2004 年进行了一项重要研究“与建筑近距离相遇”。研究考察建筑底层立面与公共生活之间产生的多种交互方式。本页的图片展示的是人与建筑之间的 12 类相遇形式。

坐在建筑上

坐在建筑旁

朝建筑内、向建筑外观看

与扬·盖尔共事

卡米拉·里克特·弗里斯·凡·德乌斯博士，
盖尔建筑师事务所合伙人

在建筑学院里，我第一次听到老师谈论关于“人”的话题，就是扬·盖尔开设的“如何准备项目及演示”课程。毫无疑问，这个课程与城市设计领域并没有直接关联，但是在扬·盖尔的教学思想中，设置这个课程是不言而喻的，因为把项目理念表达出来，与项目的设计内容本身具有同等重要性。这个课程为扬·盖尔提供了机会，向大家讲解人与建成环境之间的互动方式——甚至，就连我们在教室中的互动方式也符合“斯文－英瓦尔·安德森第四定律”：“预定的教室要比预期听课人数所需空间稍小一点。这样听众会觉得听课机会来之不易，靠墙站着听课的经历也会让他们下次早到，这样他们会认为你是个好老师。”用这个例子，扬·盖尔说明在设计公共空间时，空间的规模应该稍小一点，这样就能够营造亲密感，符合人性尺度。扬·盖尔的讲课总是富于魔力、令人难忘。他带着两大套幻灯片，肚子里还有数不清的珍闻逸事，无论是讲到人类的基本社会需求，还是（男性）现代主义建筑师的傲慢，或是他自己观察到的街道生活，他都娓娓道来，引人入胜。

接下来的一年，我就开始在城市设计系读研究生。我要学的这个“城市设计”在之前建筑系的老师和学生眼里完全是不明所以，他们认为我选的新专业糟透了。那正是新现代主义、日本风格建筑设计和高技派建筑大行其道的时候，所以在建筑师们看来，城市设计系是一群失魂落魄者的大集合，居然对建筑之外的什么东西产生了兴趣——无论管它叫城市空间问题、社交问题、社会问题还是规划问题。而扬·盖尔正是城市设计系的领军人物，虽然他总是出差到全球各处的大学访学或开会，但哪怕当我们遇到个人烦恼的时候，也总能倚着他的肩膀流泪。而对于我们这些城市设计系学生来说，扬·盖尔的国际关系带来了极大便利。整个建筑学院中，我们系的国外访问学生最多，国际化教学环境也最有活力——当时其他系的教授做梦都不会想到用英语讲课。在扬·盖尔的内心深处，总给来自格陵兰岛、法罗群岛和冰岛的学生们保留着特别位置，他在系里的教学中始终强调建筑和规划要和谐于各地域的地方文化、历史、景观和气候。我们要外出实习时，他会说：“你们打开地图随便找地方，无论想去哪儿实习，我都能帮上忙。”而且基本上每次承诺都实现了。今天，凭借着他的慷慨帮助，扬·盖尔的很多学生都利用他广阔的国际学术关系网达成了在国外工作和生活的愿望；而且扬·盖尔也非常乐于把这个关系网传递给下一代的研究者和专业人士。

扬·盖尔总是让学生们参与他的研究、论著撰写和电影制作。我们会站在街道角落统计行人数量，而且给《公共空间－公共生活》、《新城市空间》等著作绘制了数不清的城市地图和公共空间图表。由于这种深入参与，调研变得极为鲜活，远非闭门造车的学术工作。对于我们来说，扬·盖尔是一位真正关心学生与城市设计事业的教授，更是幽默机智、富于个人魅力的伟人。

从城市设计系毕业后，我从事景观设计师的工作。2003年，扬·盖尔接受了Realdania基金会的资助，得以建立公共空间研究中心。他对自己从前的学生很有信心，他让S·赖格斯塔德、L·克费尔（Lotte Kaefer）、S.基尔克卢斯和我一起加入新中心，与他的终生挚友及同事拉尔斯·吉姆松一起开展研究工作。扬·盖尔设法给中心添加了两个博士名额，这样比吉特·斯娃若（《公共生活研究方法》的合著者）和我就能一起研究郊区与新住宅开发区中的公共生活，从而延续了扬·盖尔在《交往与空间》里开辟的研究方向。

中心的研究精神令人振奋：不断有国际会议、论著出版、国外访问学者到来；但不幸的是，我们与建筑学院的其他师生交往不多。5年后中心取消，所有的研究人员都转往私人企业就职——我本人到了盖尔建筑师事务所。扬·盖尔40年来的学术研究与建筑学院城市规划领域的传统没能在中心持续保留，我相信这一点对于他本人来说也是一件憾事。

纽约、新加坡、悉尼、墨尔本、伦敦、卢布林、加里宁格勒。在这些城市的规划项目中，我在盖尔建筑师事务所有幸与扬·盖尔本人共事。扬·盖尔对他参与的项目总是尽心尽力，无论是整体的政策思路，还是报告中的单词拼写错误以及图表的呈现方式，事无巨细一一过问。他善于把自己独特的“讲故事能力”运用于项目中，以此既突出“人性化城市”的目标，又让项目的特色成为众人关注的焦点。

扬·盖尔对我的职业生涯给予了决定性帮助，他对人总是保持无限的信任，无论我是研究生、是年轻的研究员还是盖尔建筑师事务所里的建筑师，他向客户介绍我时总说：“我们派的是顶级团队，我能做的事，她总能做得更好。”这当然是夸大其词，而且他对团队里每个人都是这么夸奖；但是在我初出茅庐、刚刚被派往异国他乡的全新环境时，这样的表彰却是最有力的支持。扬·盖尔给我的最好礼物，就是他让我感到自己也完全胜任在一大群客户面前发言，也能凭借专业自信，以谦逊而幽默的表述感染他们。在初遇扬·盖尔近20年后的今天，我始终记得这些重要的收获。

为了把哥本哈根变成绿色、人性化的城市，大部分主要街道都从四车道（左图）改造成两车道（右图），为自行车道、街旁树木和中间带留下了空间。

扬·盖尔强调，正如交通设计师应该搜集汽车交通与停车行为模式的数据一样，城市也应该搜集步行者和公共生活信息与数据。当时，没有人系统化地搜集步行者与公共空间使用的信息，因此规划师也无法掌握公共空间使用者的信息。扬·盖尔回想说："随着时代变迁，很多城市的情况有所改变，比如哥本哈根和墨尔本就是如此。但是，大多数城市仍然没有着手搜集这类信息。"这也意味着，当政治家、市民以及交通规划师讨论公共空间问题时，没有文献能给支持公共空间价值的论点提供依据。

扬·盖尔最初的调研集中关注3个空间使用方面的问题：

在公共空间中会出现什么样的活动与行为？

谁在使用空间？如何使用？

建筑与公共空间的物理布局是怎样影响个体使用者的活动模式与行为模式的？[34]

扬·盖尔说，这不是一个"野心很大的计划"，而是要记录"日常生活、平凡场景以及每日生活在其中发生的空间"，并把这些带到人们"关注与投入"的前景中。[35]

在2013年与比吉特·斯娃若合著的《公共生活研究方法》一书中，扬·盖尔说"公共空间－公共生活"调研关注给街道生活中"持续流动的现象"[36]拍摄快照。两位作者这样解释："正像天气一样，生活是难以预测的。但是气象学家还是形成了预测天气的方法。"[37]在对哥本哈根的早期研究中扬·盖尔就发现，城市生活比大多数人预想的更容易预测，"每个城市都有一种基本恒定的日常生活节奏。"

经过多年的发展和提炼，"公共空间－公共生活"调研形成了三个主要部分。

公共空间分析：为了确定空间的问题及潜力，常常要考察公共空间的质量和物理条件。这包括对现存公共空间、步行街基础设施以及公共空间的舒适度（空间质量）进行调研。其中也包括对交通条件、汽车与步行交通之间冲突、城市行走便利度，以及在公共空间中消磨时间的条件进行分析。

公共生活分析：公共空间的当前使用情况，包括对公共空间中步行活动、停留活动水平的调研（即空间使用调研）以及公共空间中的用户特征调研。方法包括步行者数量统计，活动数量及时长统计，上述活动水平在不同季节以及每日、每周、每年不同时间

小街与大街的人行道交会时，对自行车道的处理方式。扬·盖尔对这种解决方案很满意，因为这样一来他的孙女劳拉可以自己步行上学，不需要穿过任何马路。

的变化。

总结与建议：基于上述分析，最后这个部分力求回答“怎样做才能改善人们在城市中的生活条件?”

早期的研究不包括“总结与建议”部分，因为它们立足于纯学术研究，只是为了获取关于“人们如何使用城市”的信息知识。后期，当调研目的从单纯学术的“获取事实”转向规划咨询——正如盖尔建筑师事务所的工作那样，调研中就不仅要加入建议部分，而且这一部分还构成了整个调研的目的。

1995—1996 年的公共空间—公共生活研究

1995 年，在第一组调研进行多年之后，扬·盖尔、拉尔斯·吉姆松和建筑学院的研究团队在哥本哈根又进行了一次新的扩展性“公共空间－公共生活”调研。这次调研仍然是一个学术研究项目，取名为《公共空间－公共生活——哥本哈根 1996》，成书出版。[38] 全书总结了从 1962 年斯特勒格特大街步行化改造到 1995 年的这段时间内，哥本哈根进行的各项改造。

研究突出表明，哥本哈根完成这样的激进改造，其过程却是循序渐进完成的，每次只对城市中的人性化空间中做小部分的审慎改变。这种稳步提升的方式，让城市使用者也得以逐步适应变化。在这些年中，步行区域的面积增长了 6 倍，从 15800m^2 增长到 95750m^2。1992 年施特勒特（Strædet ）大街被改造为混合交通街道，这表明改造模式从一开始的“步行与汽车完全分离”转换到了混合模式。这条大街转为步行优先街道，允许各种交通方式，但步行最重要。汽车也可通过，但必须放缓车速，而且大街被分为多段单行领域，汽车不能一次通过整条街道。街道中设有多处露天咖啡座。这让特定车辆可以开到店前，但减少了高速通行的汽车流量。

公众对所有这些改造做出了相当积极的反应。推行减少汽车流量、改善步行环境的措施有很高难度，哪怕是在哥本哈根也不例外；但是一旦大家都看到了改造带来的益处，人们通常会欣然接受结果。大家总结说，在哥本哈根年复一年，市中心变得越来越吸引人，而那里的机动车则越来越少。两项因素相互平衡，所以 10 年、20 年或 30 年间，市中心的活动人数一直没有变化。[39] 街道很早就达到了其容量上限，但至今仍然非常健康。

认识到“街道朝阳面”的重要性，市政府制订了一项计划，扩展阳光人行道，改善街道生活的条件。

朝阳人行道的扩宽采用了大量精致材料与优雅细节，为各项人类活动提供了空间。

> 如果你在哥本哈根寻找丰碑，那就不要往上看。看你的身边，就在街道平面上。我们最伟大的丰碑是运动。这是一项巨大而持久的、动力十足而活力四射的成就。哥本哈根永不止息的自行车流是人类力量的交响乐，它已经诞生了40年……世界上没有多少地方，早高峰时间能享受到这样一种诗意的运动。
> （《骑行者的城市，哥本哈根的骑行生活》，哥本哈根市政府，2009年）

调研表明，在经历这些改造后城市中的步行人数基本保持稳定（季节不同当然会有变化，但数字与1968年内的调研大体一致），但在街道与广场中消遣时光的人数增长了3.5倍，这与步行区域的面积增长是吻合的。扬·盖尔和拉尔斯·吉姆松说：“每当哥本哈根新增加14m^2步行面积，在城市中停留、消遣的人数就增加1个。”[40]

1988年以来，全球对哥本哈根公共生活研究及其对城市政策影响的兴趣与日俱增。挪威首都奥斯陆第一个提出，要实施类似的研究。1988年开展的这项研究完全是出于学术目的，没有提出任何建议措施。紧接着瑞典首都斯德哥尔摩也来求助，这成了扬·盖尔作为咨询师承接的第一个“私营”研究项目。研究中也第一次提出了如何营造人性化城市的建议。为了面对这些国际化挑战，扬·盖尔保留了建筑学院中的研究员职位，但逐步转为兼职，在2000年开设了自己的盖尔建筑师事务所（详见第6章）。

2005年的哥本哈根公共空间－公共生活研究

2005年的调查显示，市中心日益成为一个休闲娱乐的场所：人们在这里与朋友会面、观看街景、旅游观光，或者啜饮咖啡。周日（大多数商店不开门）到市中心的人数从1995年到2005年增长了78%，户外咖啡座数量增长了47%。全市1995年时有1900个街边停车位，2005年是1520个，减少了20%。而对照1999—2004年间城市居民的轿车保有率上升了11%的数据，停车位的减少就尤为难得。

上述调研与市政府合作完成，并得到了游客、企业和文化机构的广泛支持。调研范围也第一次扩展到整个城市，而不仅是市中心。

在2005年之后，“公共空间－公共生

“庆祝哥本哈根当选世界最宜居城市。”2013年英国时尚杂志《单片镜》（Monocle）将哥本哈根评为最宜居城市；市内地铁灯箱打出了庆祝的广告。

安全对于骑行文化的营造至关重要。在哥本哈根，为了确保骑行安全采取了大量措施，在路口处尤其是如此。措施中包括设置专门的信号，在路面用蓝漆突出自行车路口线路，这些措施让自行车使用数量逐年增长。2015年，人们骑车上班上学的比例上升到45%。

活”调研不再由建筑学院实施，而是由市政府牵头例行操作，做法与交通调研相类似。对于扬·盖尔来说，这既是“观念斗争的胜利，也是市政预算斗争的胜利”。他认为，所有城市都应该实施公共生活调研，正如它们一直在进行汽车交通调研一样。

到 2005 年，哥本哈根市也实施了若干重大基础设施建设工程，包括：连接哥本哈根与瑞典马尔默的厄勒海峡大桥，全程含海底隧道和桥梁部分共 16 公里；第一条地铁线路的开通（2002 年）；一个全新临江区域的开放以及 2004 年大歌剧院的竣工。与这些巨大变化同步，城市一直在强化骑行设施，不断扩展公共空间。从 1962 年斯特勒格特大街的改造开始，市中心区域的步行街和步行优先街道网络持续扩张，在周边的住宅区域中，也开设了大量新的广场和公园。

市政府出版了大量规划文献，比如《人性化的大都市：哥本哈根 2015 城市生活愿景与规划目标》（2009 年），其中反映了扬·盖尔对城市规划产生的巨大影响。扬·盖尔的影响带来的观念转变也反映在丹麦国家建筑政策文件上，2014 年最新修订版的标题是“建筑以人为先，都市以人为本”，并指出哥本哈根应该成为“全球最佳人性化城市[43]”。上述政策体现了城市扩展公共空间的动力与需求，并为哥本哈根营造更好的公共空间、倡导人们充分利用公共空间并在其中更久停留，制订了远景规划。政策也对衡量空间与使用方式变化的标准进行了描述。从2009年起，这一政策中增补了多项辅助文档，包括2011年制定的一份“最佳实践指南”。政策的实施结果由两年一次的“城市生活总结”来监控，全面关注城市生活的发展和公共空间的使用。这份总结报告统计城市中步行的人数、人们在步行中的安全感和快乐感、公共空间的使用情况（特别是人们在其中逗留的时长），并包括其他若干城市生活质量指标。2013年的报告还从儿童视角对城市的使用进行了考察。[44]

1966年时最初的研究仅仅是从对人们使用公共空间方式的好奇出发开始进行的；而随着研究的不断深入，哥本哈根在其中充当了一个“实验室”的角色，多年之后，研究最终转化为“以人为先”的城市政策与国家政策。

总结

在扬·盖尔职业生涯的这个阶段，哥本哈根充当了他的实验室和测试场，他借助城市来形成、确立自己的研究方法论，也通过“公共空间－公共生活”调研突出强调了人性因素对公共空间设计的作用。也是在这个阶段中，扬·盖尔从学者转化为咨询师。他的调研结果表明：人们渴望成为城市公共空间的一部分，创造人性化城市的政策对于城市的宜居性、可持续发展和健康度都至关重要。

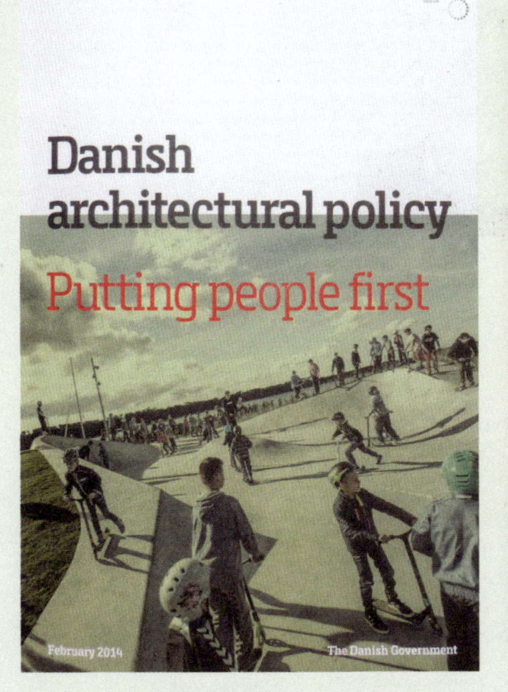

50年来，人们一直在研究、记录并讨论人性化的建筑设计和城市规划。在哥本哈根市、在丹麦全国，这种观念如今已经牢固地确立。

左上图：2015年修订版的丹麦国家建筑政策新标题是“以人为先”。

右上图：M·耶尔韦德（Marianne Jelved），2011—2015年任丹麦文化部长正在阅读一本她最喜爱的书籍（图片来源：文化部主页）。

下图：2011年，丹麦内阁的当选部长们骑车来到皇家城堡接受女王的任命。

扬·盖尔在哥本哈根的影响

K·邦达姆（Klaus Bondam），2000—2009 年任哥本哈根城市规划负责人

1992 年，我高中毕业后就迁居到哥本哈根。那时的哥本哈根是一个破旧的城市：贫穷、消极、肮脏，没有多少吸引力。居民主要是老年人，留在这里的理由是没钱搬走；也有一些学生，有了钱就迫不及待地离开。这时，有些事情开始变化了。我个人相信，变化的动因主要是 1996 年哥本哈根被命名为欧洲文化首都。突然之间，我们开始认识到，自己居住的是城市中的宝石，我们可以用公共空间举办活动、文化事件，可以在这里闲坐观看人来人往，还可以有其他很多美好的城市生活选择。人们走到街道和广场上消遣时光。也就是在这个时候，我爱上了这座城市。与很多同龄的年轻人一样，我决定留在城市里，而不是像我们父母一样搬到郊区去住。我在城里开始了自己的职业生涯，在城里成了家。就像这个岁数的大多数年轻人一样，我买不起车（这是一个幸运的事，丹麦的车辆购置税特别高），所以每天在城里骑车。我发现，城市的真正财富是多年逐渐形成的城市生活，在这里我们可以与别人相见、偶遇、直视着对方眼睛倾心交谈。一天之中，街上有这么多人消磨时光，这给人一种安全感，而我也意识到这增加了城市的活力。城市长久以来努力创造公共空间的工作取得了成功，在这里，大家的生活无须躲在汽车玻璃后面，在这里我们可以真切感到四季变化，大多数人在这里也能每天通过步行或骑行积极健身。

2002 年，我入选市议会；2006 年，我成为城市规划负责人，并在这个岗位上持续任职 4 年。2009 年哥本哈根成为联合国环境峰会 COP15 的主办地，这之前的筹备时期正好可以进一步确立城市环境方面的若干政策，其中就包括城市生活及宜居性等问题。我妻子是景观设计师，所以我对扬·盖尔和他的街道生活研究有所了解。我也认识其他一些“真建筑师”，他们对扬·盖尔关于“生活在建筑中间”的讨论不太热衷。因为扬·盖尔的理论与福利国家中现代主义建筑师主张的极简犀利的美学不太合拍。在现代主义者眼中，对人及其易受冲动左右的行为的研究属于胡言乱语，作为这种研究对象的城市生活也并不受现代主义规划的关注。

我本人有艺术背景，受过演员的职业训练，因此比较倾向于关注人。对我来说，实现城市中人的幸福与安康对于政策制定来说至关重要。所以我把扬·盖尔请到市政厅，二人一拍即合。他跟我一样，对人类行为深

怀兴趣和热爱。我们都相信，如果人们能够面对面相遇，就能创造出一个参与、整合与创新的平台。于是，哥本哈根市政府邀请扬·盖尔和盖尔建筑师事务所担任承接咨询项目，帮助城市来制定一个新的（据我所知也是首个）关于城市生活与宜居性的政策。这项政策命名为“人性化的大都市”，2009年由市议会通过。

政策有三个主题：“让全体市民享受更多城市生活”、“更多的人参与更多的步行活动”，以及“更多的人停留更长时间”。其理念在于“给日常城市生活更高优先级，同时为私密的、特异的、临时的现象留下可能空间；为此，我们希望为每位市民创造出更多的城市生活可能性，并给全年每天的24小时营造出多种多样的城市空间与社会活动”。我们认识到，“一些城市生活是出于必需。无论城市的布局如何、有何设施，我们都必须购物、接孩子、往返于工作场所。但只有当城市是个令人愉悦的地方，各类娱乐活动、休闲生活，各种私人体验与享乐才会发生。因此，我们要修建广场、公园、街道、河畔码头，让更多人在其中停留更久——无论是在市中心、市郊，还是我们每天居住往返的其他地方。”

我们设定了切实的目标，每年根据这些目标进行验证衡量，同时也为今后的新发展提供了灵感。

“人性化的大都市”以及扬·盖尔参与指定的哥本哈根新城市发展政策把我们的城市提到了一个新的高度。它向世人展示，城市未来的可持续发展以及人性化规划与经济增长并不矛盾，全球很多城市至今都仍从这个范例中受益良多。

创造好的城市生活是一个课题与挑战，多亏有扬·盖尔与盖尔建筑师事务所的帮助，哥本哈根市政府制定的相关政策中已经对此做出了充分回应。

我现在的职位是丹麦骑行协会CEO，有幸与扬·盖尔保持合作与沟通。像我一样，他也是个投入的骑行爱好者，而且盖尔建筑师事务所的员工们也是“丹麦骑行使团”的著名成员。对于良好的、可持续发展的城市生活来说，在安全友好、精心构筑的骑行环境中骑车无疑具有重要意义——这是人性化城市的一部分。

多年以来，自行车道中的阻塞成了哥本哈根一项主要的交通问题。市政府采取了多项措施缓解这一问题。拓宽了很多条自行车道，公园内开设了新的“分流车道”，一些废弃铁路也改造成自行车道。与“骑车人太多”的问题相比，只有一个情况会更糟，那就是汽车太多！

Robinhood
loves

5

转变思维定式

第 5 章　转变思维定式

扬·盖尔在公共空间、城市宜居性和城市社交化方面的开拓性工作，居于当代城市规划思想领域的前沿，此外，他以咨询项目和政策指导的形式，为街道景观设计和邻里社区规划作出了重要贡献，为全球各地很多城市的建设提供了灵感和出发点。

——D·戴维斯（Diane Davis），哈佛大学设计学院城市规划与设计系主任，2016 年

在漫长的职业生涯中，扬·盖尔从事过很多不同类型的工作，从研究到教学，到顾问咨询。很多人经常问扬·盖尔，他最重视的是哪类工作：是 40 多年在哥本哈根和世界各地面对数不清的学生进行的教学工作？是在全球那么多大学、专业研究所、研讨会、公共会议上发表的演讲、进行的演示？是在杂志发表文章和访谈，在电台、电视台等媒体以及纪录片中露面？还是在各个城市把自己的研究成果运用到实际项目中？

所有这些工作对扬·盖尔来说都非常重要，并且都有助于转变学生、专业人士和政治家的思维定式；但是他每次都毫不犹豫地指出，在他从事的所有工作中，六部书的写作才对他最有意义。从 1971 年的《交往与空间》到 2013 年的《公共生活研究方法》，随着全球各城市的研究成果、经验与案例不断积累，整合成了一个关于如何从事人性化建筑与规划的完整故事，他的论著规模也逐步扩展、内容持续深化。越来越多的城市回归到人性化设计的行列，为扬·盖尔的故事增添了案例，由此他的论著形成了一张饱含希望的时间表。

扬·盖尔的论著特点是语言明晰易懂，文章与插图一起形成了精心设计的整体。每一张照片都“令人一目了然地讲述着故事”。这样的形式让来自学术圈子之外，甚至非常不同的文化语境中的读者都能轻松读懂。这些论著展示了复杂的人类行为模式以及城市规划决策的多种结果，其效果晓畅平易，经常还包含一种轻快的幽默感。

这些书服务于不同的目的。有像《交往与空间》和《人性化的城市》一样的基础研究，考察公共空间中的生活受物理环境影响的方式。也有《新城市空间》和《新城市生活》这样的论著，考察公共空间和公共生活如何随着社会变迁一起演进。《公共空间 – 公共生活，哥本哈根 1996》讲述的是在 1962—1996 年间，哥本哈根的城市空间与公共生活的发展过程，并呈现了现代城市中公共生活的调研方法。后一个主题在扬·盖尔的最新作品《公共生活研究方法》中得到了更新和扩展，形成了一个“工具箱”；几十年研究生涯中发展起来的各种方法在书中得到了充分诠释，并放置到对人们与建成环境交互研究的广阔语境中。

六部书放在一起，讲述了一个持续发展的理念的故事，并体现了理念在改变我们物理建成环境过程中的应用。它们构成了一项丰碑式的成就。这些论著在全球引发了非同

寻常的兴趣。自1987年《交往与空间》翻译成英文时开始，所有这些书（尤其是两本基础研究论著）在全球广泛传播。

扬·盖尔的著作总共以超过35种文版，而且还正在世界的各个角落全新涌现。据统计，这些著作至少印刷了20万册。

我一直对转变思维定式更感兴趣——思维转变了，其他人可以完成城市改造。
——扬·盖尔[45]

团队

《交往与空间》由扬·盖尔独立写作；但之后的几部著作都是团队作品，这与扬·盖尔本人的性情以及他的工作风格更为投合。团队中最重要工作伙伴是建筑师拉尔斯·吉姆松，他在1978年加入丹麦皇家艺术学院的城市设计系，担任讲师，从此就成了扬·盖尔的密切研究伙伴，也是一起出版著作的合作者。

拉尔斯·吉姆松

《新城市生活》的写作团队：中间是S·基尔克卢斯与B·森诺高，两侧为扬·盖尔和拉尔斯·吉姆松。

2006年，扬·盖尔和拉尔斯·吉姆松与S.基尔克卢斯和B·森诺高一起在公共空间研究中心工作，《新城市生活》是当时工作的一部分。

《人性化的城市》封面上只有扬·盖尔本人署名，但是幕后则有一支富有经验的协助团队。在丹麦文版出版时，整个团队在丹麦建筑中心前拍摄了一张合影，收录在本书第97页。

《公共空间研究方法》是扬·盖尔与比吉特·斯娃若密切合作的产物。斯娃若在哥本哈根大学获得过现代文化学位，其后因在建筑学院参与团队工作而获得了城市设计的博士学位。

比吉特·斯娃若与扬·盖尔

《交往与空间》1971 年，1987 年，2011 年

扬 · 盖尔

1971年，《交往与空间》以丹麦文（Livet Mellem Husene）由哥本哈根的建筑学院出版。用今天的说法，人们可能把它称为一本博士论文，但在当时，这只是 4 年来扬 · 盖尔关于“城市与住宅区域中的户外空间使用”研究的一个总结。

这是一本紧凑短小的书，图文各占 100 页篇幅。封面图片颇有 1970 年代的风格：一张街头派对的照片。

该书考察的是建筑中间的生活，作者引入了公共空间活动的概念，运用实例说明公共生活如何受到物理环境的巨大影响。然后，作者回顾了历史上不同时期的生活方式，严厉批评了妨碍至阻止人们在建筑间享受生活的现代主义规划原则。后续部分考察了营造街区的艺术，指出城市营造的艺术受到了现代主义者的荒废，现在应该得到重新振兴。作者继而具体描述了城市营造艺术的若干前提——主要是对人们感官运作方式的理解，然后翻转了不少现代主义规划原则：用集中取代分散，用整合取代隔离。所有这些原则都属于城市规划与场地规划领域，但作者也强调，人性尺度方面的处理极其重要——追求城市质量的战斗，要在人性尺度上才能决胜（或告负）。规划师要给人们创造好的条件，以便他们在空间中步行、站立、就座、看、听……最后，作者以对建筑中社会维度的强调全书，他提出了这样一个理念：无论我们修建什么，我们都会对社会模式产生影响。

> ……体大思精，风格优美，别开生面……
> ——简 · 雅各布斯评《交往与空间》

> ……多年来，扬 · 盖尔愈来愈专注地发展其理念，并在本书中以永恒真理的品格呈现出来……
> ——拉尔夫 · 厄斯金，1987 年（摘自本书英文版前言）

在初版 45 年之后回顾，这本书总体上可以被视为对现代主义的一次批判，它从现代主义项目实际使用者的视角，就这种规划理念的若干缺点提出了争论。该书提出，“建筑中间的人类生活”是一个亟待追问的重大问题。

与当今的很多博士论文相比，《交往与空间》采用了非常不同的写法。书中几乎没有引用任何其他研究者，也没有提及任何他人观点，部分是由于当时这个领域基本上是

1971 年丹麦语原版

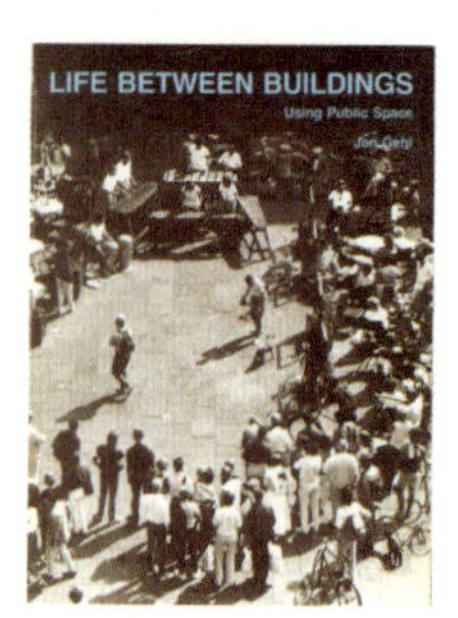

1987 年修订版，也是英语初版

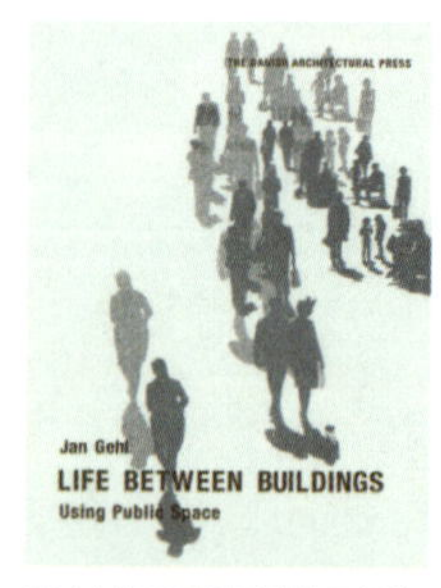

2011 年最新版（第 7 版），在美国由 Island Press 出版

《交往与空间》引入了三种不同类型的公共生活概念：必要行为、可选行为和社交行为。

作者用图表形式表明了三种行为与城市质量之间的关系：重要的可选行为与社交行为对于人性景观质量有很高的依赖度。

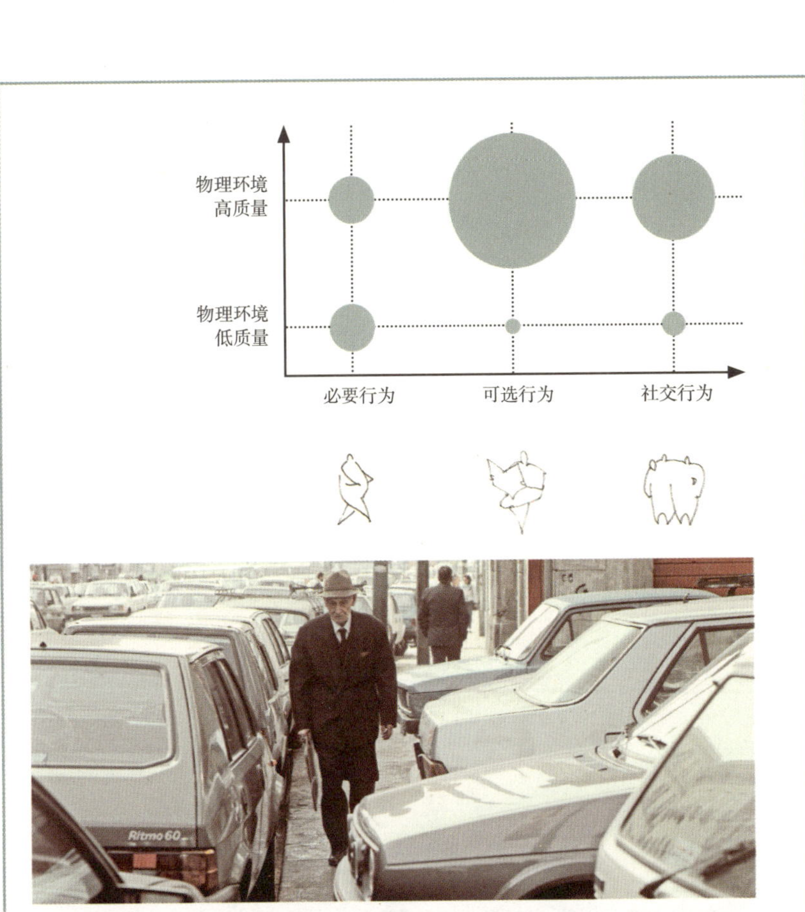

空白，没有多少可以引用的文献，部分是由于这项研究的进行方式。全书几乎完全是基于扬·盖尔自己的观察和思考。在研究路数上，这算是一本“自学成才者”的作品，作者是在观察调研中，而非对方法论的研习中获得的训练。这也反映出，在建筑学研究的这个早期阶段，研究传统事实上是相当匮乏的。

1971 年《交往与空间》出版后，关于建成环境质量的讨论开始兴起，这本书在丹麦立刻流行起来。很快一万册就在丹麦读者中发行出去，这说明对这个主题的兴趣已经远远超出了学术界和专业圈子。扬·盖尔回顾说：“要是这些印数的图书都是卖给了建筑师，那么丹麦的每位建筑师手里都会有四册这种书!”

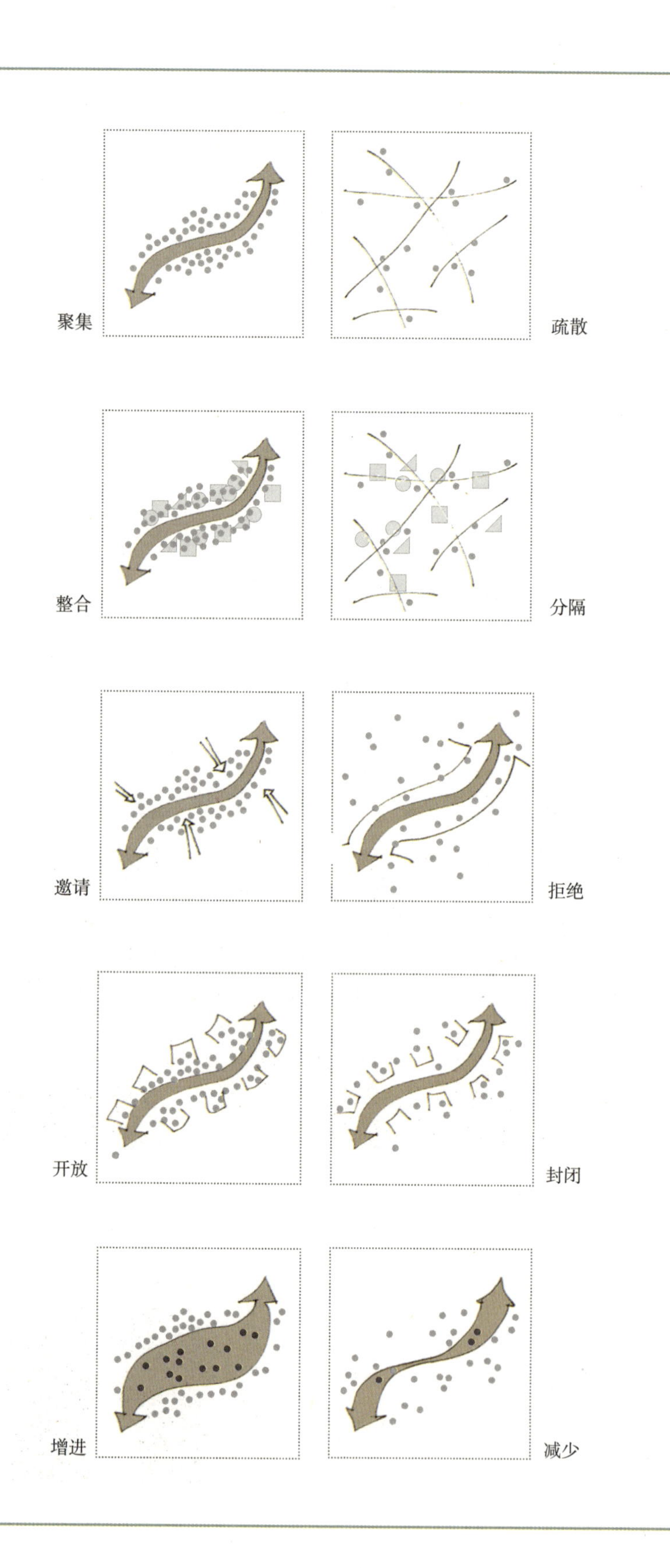

《交往与空间》中的一幅关键插图，表明了强化建筑间生活的重要条件。左边一栏是规划者应该考虑的方式。右边一栏体现的则是基本上会妨碍生活的规划原则。总体而言，右边栏中的原则，正是现代主义规划所一直奉行的。

在丹麦，“交往与空间”很快就成一个流行语。在建筑项目说明里、在竞选纲领中、在政府政策文件和其他很多地方里，你都能看到这个说法，无须更多解释。这反映了本书取得的巨大成功（虽然开始只是在一个地方）。

《交往与空间》（以及扬·盖尔夫人英格丽德几乎同时的《生活环境》）出版后，英格丽德和扬·盖尔前往多伦多访学一年，就这两本新书内容开设了讲座。他们惊讶地发现，在北美，人性化住宅建设和规划的思路被视为某种非常新颖、非常进步的事物。不过在当时，两本书都没有出版英文版。《交往与空间》在 1978 年出版了荷兰版，1980 年出版了挪威版，同步发行的还有一个修订的丹麦版。16 年间，这本书只是一个北欧现象，只有丹麦、荷兰、挪威三国读者了解它。它似乎与荷兰的“乌纳夫模式”及交通稳静化措施产生了共鸣，并且影响了一批瑞典和荷兰新城镇的开发。

关于建筑形式与人类感官之间关系的讨论在书中具有重要地位。左栏展示的是促进人类交互的环境与建筑细节；右栏展示的则是妨碍人们彼此接触的环境。总体来说，右栏反映的是很多城郊区域的情况。

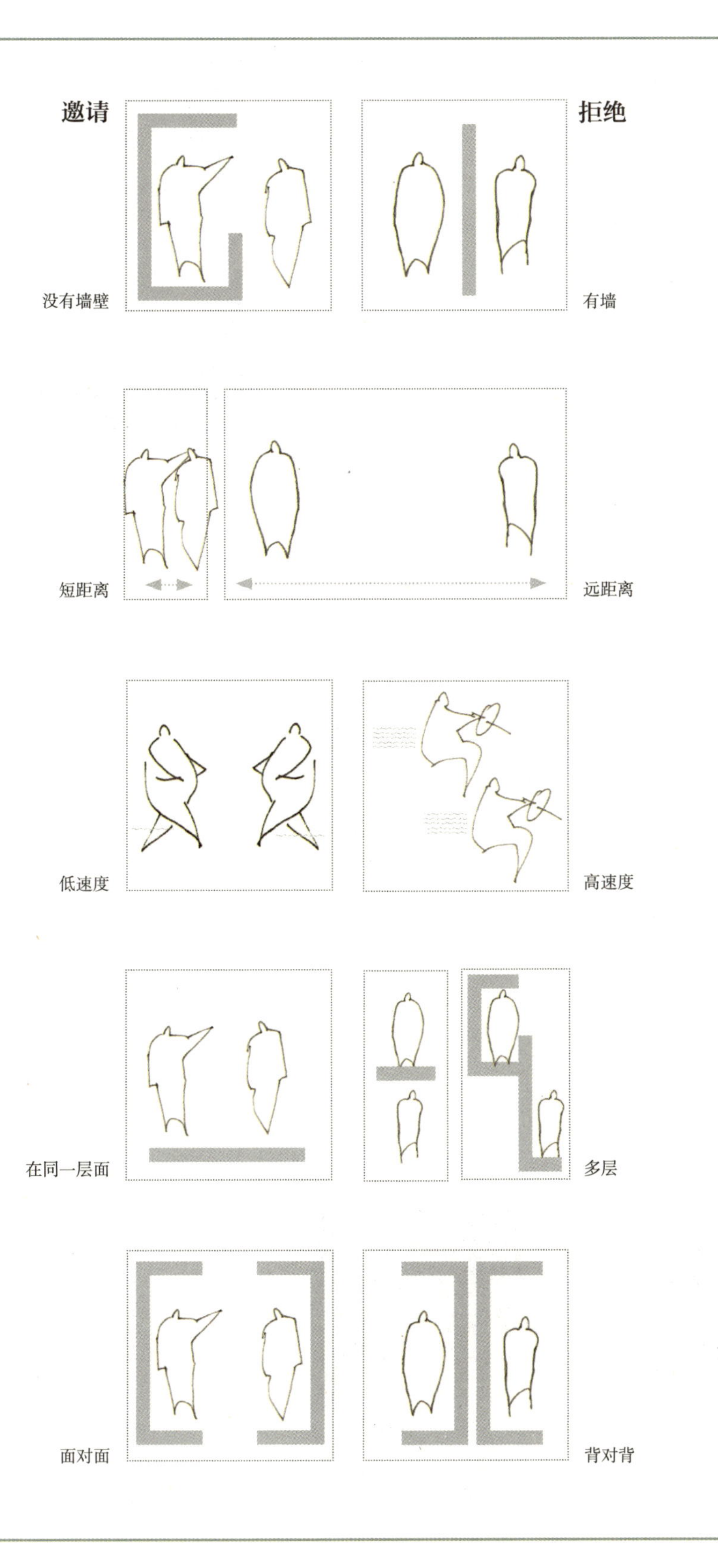

在 1980 年的修订版中，本书的内容就开始发生变化，从一本争鸣之书、一本现代主义的批判书，变得更像一本手册。“营造街区的艺术”的标题取消了，因为当时相关概念获得了广泛接受，不再需要这样一个部分。可以说，初版的完整书名不妨叫《建筑中间的生活被扭曲了，我们必须好好对待它》，1980 年版（以及以后各版）的书名则是《建筑中间的生活很重要，我们应该这样做》。

1987 年，丹麦文初版发行后 16 年，Van Nostrand Reinhold 公司终于在纽约出版了本书的英文译本。英文版以 1980 年丹麦版为底本，但是在原书中主要取自意大利和斯堪的纳维亚国家的插图与案例之外，又加入来自全球其他地方的案例。扬・盖尔说，这个美国版“不算畅销，也不算常销。”没有做什么市场营销，三次重印之后，这本书在 1990 年代就基本停印了。但是英文版也成了许多其他文版的底本，包括 1990 年代初期的日文、意大利文以及中文版。

1996 年，在出版 25 年后，《交往与空间》又推出了修订后的丹麦文第三版。同时，丹麦建筑出版社也接管了英文版的出版。英文第二版推出，并进行了大规模国际营销。在 1998—2007 年间，本书第 4、5、6 版又以丹麦文版和英文版推出。第 6 版的插图根据 21 世纪需求做出了调整，撤换了书中的“1970 年代风格的长发皮衣青年照片”，加入了更多当代案例。所有版本的前言都简短精要，表明最基本的理念始终未变——关注人。扬·盖尔在多个场合提及，初版30年或40年后，他发现书中的文字、理念部分很少需要调整。“这本书讨论的首先是人类与建成环境之间的互动。40年之后，人类变化不大。他或她还是喜欢站在建筑边缘地带，带着兴趣观看周围的其他人，与1960年代别无二致。”

确实发生了改变的，是全球读者对本书的兴趣：初版20年后它在世界范围成为一本经典著作。从1996年到2016年，《交往与空间》被翻译成20种语言。扬·盖尔说：“其中既包含小语种版本，比如越南文、孟加拉文、伊朗文版，也有主要语言的译本，比如俄文和德文。”意大利文版和日文版经过了重印；2011年，在初版40年后，本书第7版又回到了美国，由Island Press出版。

《交往与空间》在以上大部分国家还未脱销，而且不断有新译本出现；马上推出的可能是土耳其文和冰岛文版本。

关于《交往与空间》的故事，是“一本包含简单理念的书，从一系列朴素的研究中成长出来，转而应对全球共通问题”的故事。这样也许可以解释这本书的广泛接受和持久畅销——它仅仅始自关于人类与其城市环境关系的一个简单理念，而这本书的经历说明，这个理念却日益成为全球关注的焦点。

2006年，《交往与空间》孟加拉文版出版。来自非政府机构WBB（Working for a better Bangladesh，“创造更好的孟加拉”）的Ruhan Shama在译本出版过程中起到了关键作用。

时光流逝

四十多年来，《交往与空间》以许多版本形式出版。随着时光流逝，封面图片也经过了微妙的变化，既反映出社会的变迁，也体现了建筑与城市规划方面关注主题的变化。1971年的封面是欢快的哥本哈根本地风情。1980年的封面则柔和得多，体现出对乡村建筑和“过去好时光”的情怀。1987年的封面表现出人们越来越关注城市与城市生活。1996年后，各个版本的封面则更加国际化，表达的是比较普遍的“生活”概念。

1971年

1980年

1987年

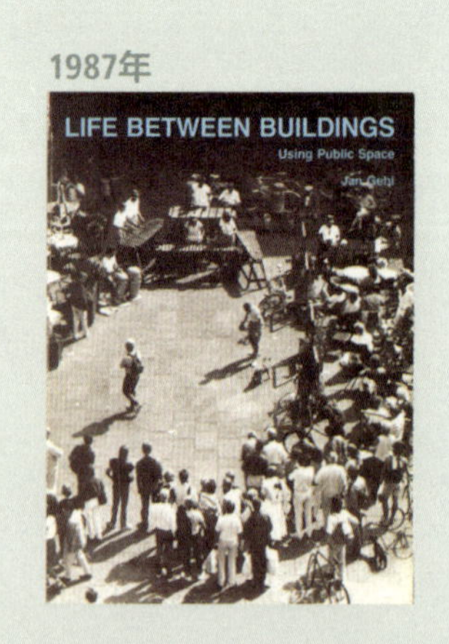

1996—2011年...

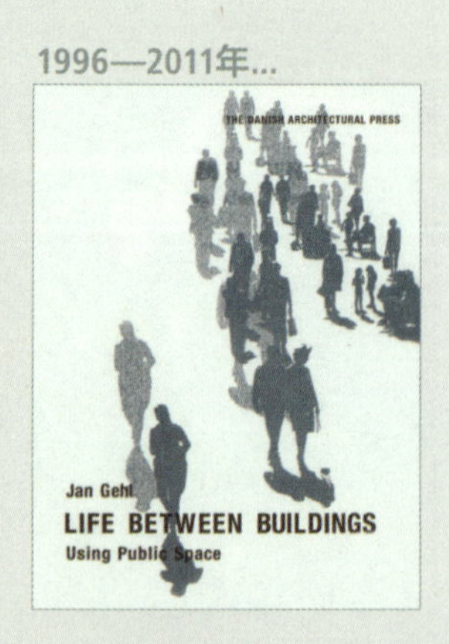

在悉尼的一个临时性装置艺术作品中，艺术家 D. Hadley、H. Tribe 和 Maix Mayer 用霓虹灯显示出《交往与空间》的条码。

1971

丹麦

1978

荷兰

1980

挪威

1987

美国

1990
1991
1992

日本　意大利　中国

1996
1997

中国台湾地区　哥斯达黎加

2000
2002
2003

捷克　中国　韩国

2006
2008

西班牙　孟加拉　越南

2011
2012
2013
2014

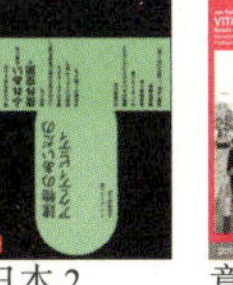

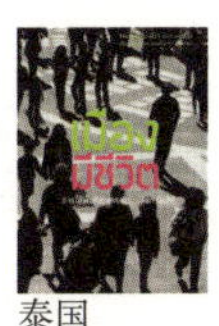

波兰　塞尔维亚　罗马尼亚　伊朗　俄罗斯　德国　日本 2　意大利 2　美国 7　泰国　希腊

至 2016 年的出版史

问世 45 年来，《交往与空间》以许多语言和版本在全球出版。回顾其出版史，很有意思的是，最初 16 年间这本书只是北欧当地的一个现象。1987 年，第一个英译本在纽约问世。从那时开始，该书的各语种版本在世界各地层出不穷。大多数版本是在 2000 年之后出版的，体现出对相关主题兴趣的突然增长。

《公共空间 – 公共生活，哥本哈根 1996》

扬·盖尔与拉尔斯·吉姆松

1996 年，欧盟将哥本哈根命名为“欧洲文化首都”。鉴于其他很多被命名为“欧洲首都”的城市都举办了庆祝活动，哥本哈根的当地机构也在考虑该做些什么。建筑学院决定，应该强化学院与市政府之间的关系，让城市设计系的研究人员实施一次新的、规模更大的“公共空间 – 公共生活”调研。这就是本书最初的产生缘由。建筑学院、哥本哈根市政府、市中心区域的商业社区以及多家基金会一起承担了研究经费。调研在 1995 年实施，以便在 1996 年提交成果。

调研以及最后形成的这本书都分为三个部分。第一部分概述了目前城市空间的情况，重点介绍了 1962 年来步行化公共空间的发展过程。其中描述了 1996 年市中心的面貌：住宅、教育机构、夜生活、安全性、交通情况、停车场、骑行设施以及其他相关方面。第二部分介绍了当时人们对城市的使用情况：从夏天到冬天，从主要街道到周边街道，从重大节庆到日常情形下的城市，尤其介绍了街头商贩、表演艺术家以及快速发展的咖啡馆文化给城市带来的影响。虽然研究采取的观察方法最初是在《交往与空间》一书中引入的，但本书的第三部分带来了一种新的研究工具：访谈。因为两位作者之前都对这种形式缺乏经验，他们邀请了墨尔本大学的 David Yencken 教授加入团队，帮助组织访谈。访谈提出了一系列极具价值、单靠观察无法解答的问题：城市的使用者是些什么人？他们从哪儿来？他们来到、离开城市，用的是什么交通方式？他们来这个城市的动因是什么？他们喜欢 / 不喜欢城市的哪些方面？这些访谈“为传统的统计与观察研究方式提供了一种最有价值的扩充”。

本书的一大特色是，加入了大量地图、平面图和各类图表，它们讲述着城市的故事，描绘了公共空间的使用者享受公共生活的方式，并且也呈现了研究方法论的运用方式。在哥本哈根，这本书受到了热烈欢迎，对当地读者们来说，它是一个关于城市发展历程的绘声绘色的故事。

丹麦建筑出版社推出了英文版。虽然本书的主题是哥本哈根，但是英文版发行量还是超过了丹麦文版。丹麦文版停印脱销 10 年之后，英文版还在印刷销售，这体现出本书采用的方法论以及其得出的结果吸引了远超丹麦之外的全球兴趣。

步行街与步行广场的发展，1962—1996 年

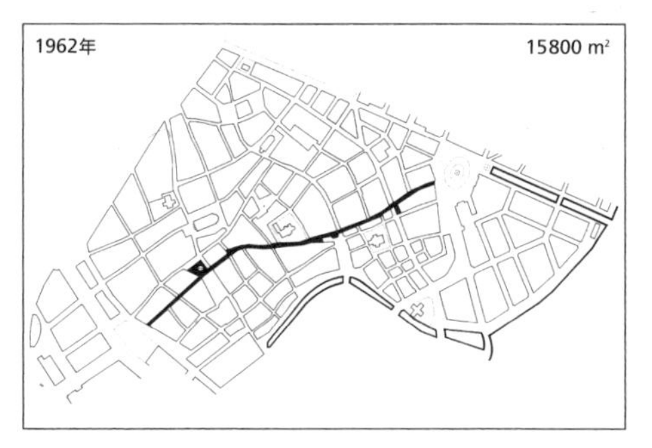

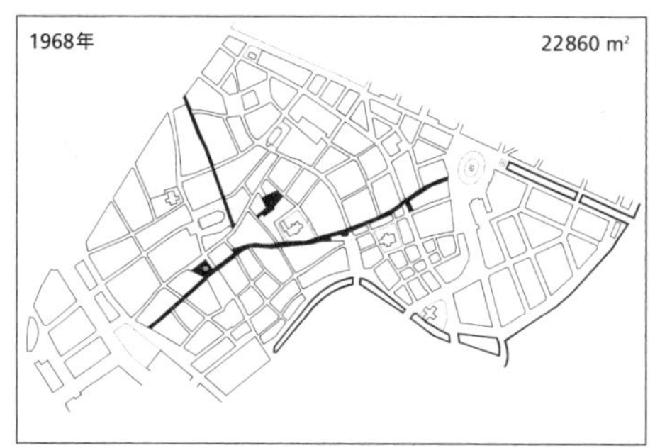

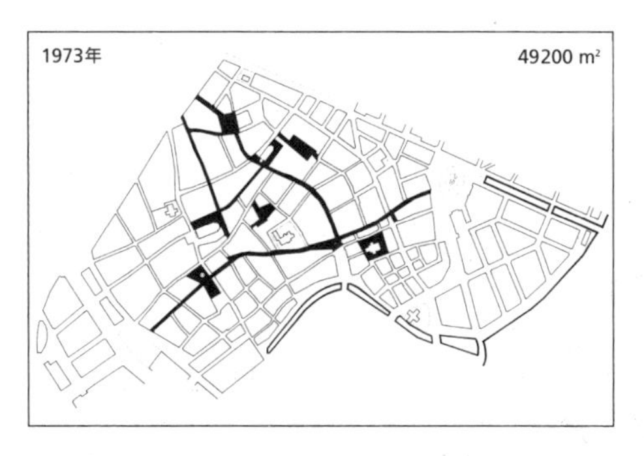

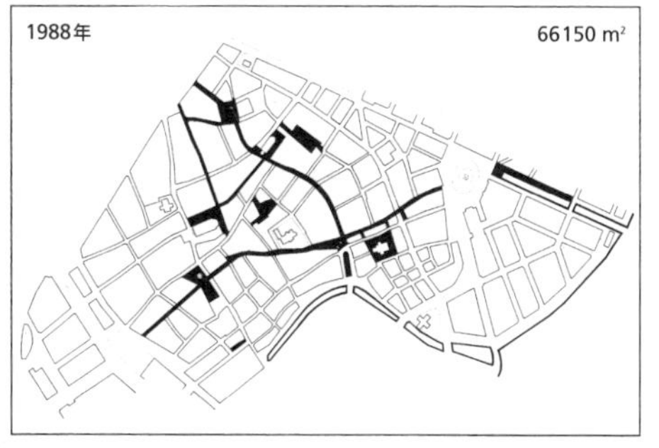

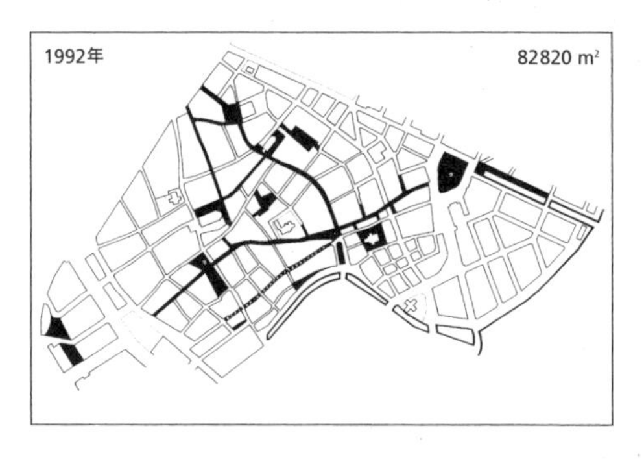

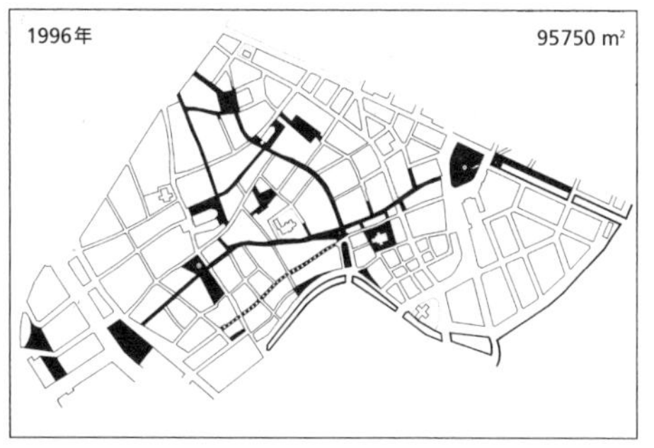

本书的一个主要关注点，就是介绍哥本哈根市中心人性化景观在 1962—1995 年间令人印象深刻的发展过程。上图表明，步行区域在这期间大幅扩张。总体来说，到 1995 年人性化空间增长了 7 倍。比例尺 1：29000。

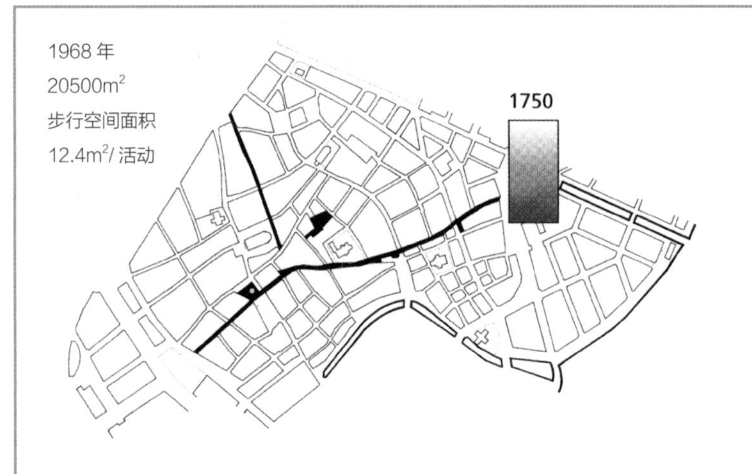

1962—1995 年，人们在城市空间中的平均逗留时间增长到原来的 3 倍（按照夏天工作日下午的平均时间统计）。随着越来越多空间排除了汽车交通，越来越多的人前来使用这些空间。根据统计显示，每增加 $13m^2$，就能让城市中停留消遣的人数多一个。

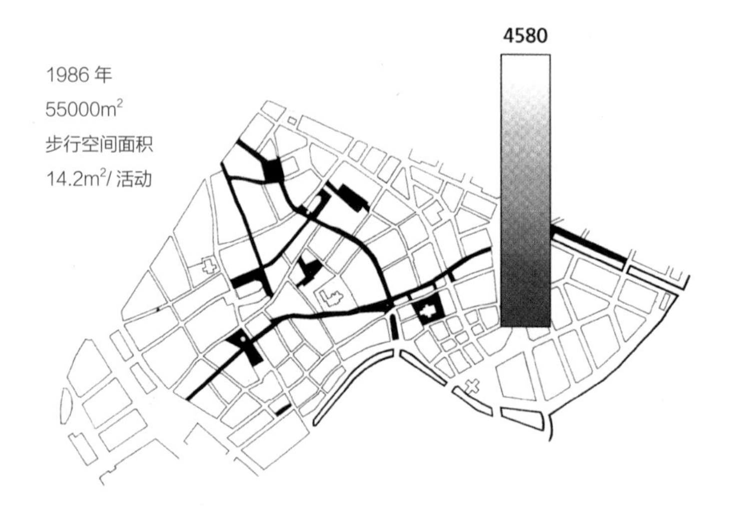

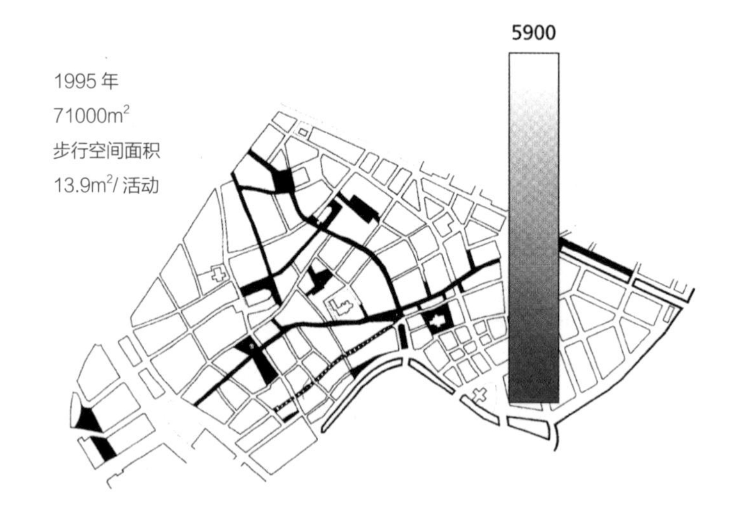

比例尺 1：23000

1992年与主街斯特勒格特大街平行的施特勒特大街成为第一条步行优先街道。在施特勒特，露天咖啡座、行人、骑车人和一些慢速行驶的汽车分享了街道空间，这里现在已经成为市内最迷人的街道之一。

《新城市空间》，2000 年

扬·盖尔和拉尔斯·吉姆松

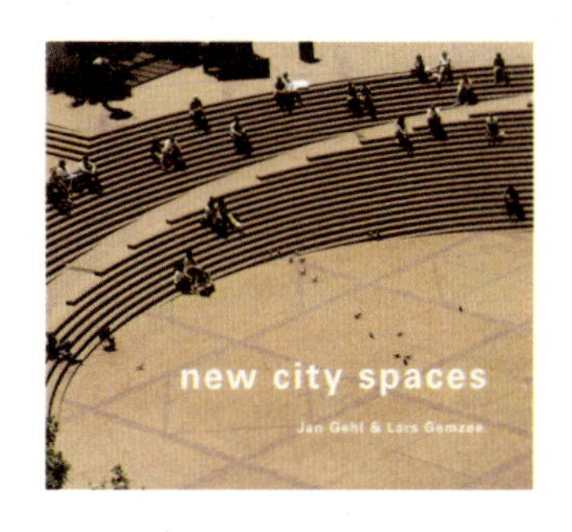

这本书的昵称是“硬件书”，它与扬·盖尔的大部分作品都有所不同，因为它的论题不是生活，而是建筑形式。这是一本建筑学著作，讨论的是 20 世纪最后十年里出现的各种“全新”公共空间。当时，以“当代公共空间”为主题的实用教科书需求越来越大，出版这本书的目的就是为了满足这样的需求。在 20 世纪末，全球很多城市出现了在建筑上非常有意思的街道和广场。因此，扬·盖尔和拉尔斯·吉姆松一起着手记录 20 世纪最后的若干年内公共空间设计领域发生的变化。

本书分成三个部分，开头的一章名为“回归公共空间”。它列出了当时出现的四类不同城市：传统的城市、受侵蚀的城市、被遗弃的城市和复兴的城市。传统的城市以步行为主，公共生活很繁荣；而受侵蚀的城市则以汽车交通为主，人和公共生活都被挤出市中心。在被遗弃的城市中，居民完全抛弃了城市，离开了原有的公共空间。因此这样的城市显得空洞、毫无人性。在当时，复兴的城市是一个新兴的现象。它的特点是汽车交通被推出市中心，人们重新拥有了公共空间。实现这个转变的公共空间就是本书剩余部分的主要论题。

本书的第二部分考察了 9 个城市，它们

传统的城市

受侵蚀的城市

被遗弃的城市

复兴的城市

《新城市空间》讨论了四种类型的城市，从古老的传统城市，直到最近解决了汽车侵扰问题的“复兴的城市”。

不同程度地实现了复兴。其中有 5 个欧洲城市：巴塞罗那、里昂、斯特拉斯堡、弗赖堡和哥本哈根；另外 4 个城市处于全球其他部分：北美洲的是俄勒冈州的波特兰，南美洲的是巴西的库里蒂巴和阿根廷的科尔多瓦，另外还有澳大利亚的墨尔本。本书描述了这些城市在“复兴”过程中采取的措施，介绍了这些过程是如何发生的，并展示了在这些城市的公共空间中现在能看到什么、享受什么。作者既选择了若干历史名城，也收入了一些新兴城市作为案例，为的是证明“城市复兴不仅限于那些舒适的传统中心城市，所有结构类型的城市都需要、也都能够经历复兴。”

本书第三部分介绍了全球 39 处别具建筑特色的街道和广场。选择的一项标准是，这些公共空间的建设或重建发生在 1985—2000 年期间，这也就是全球范围内对公共生活和公共空间的兴趣真正复苏的阶段。另一个选取标准是，两位作者必须实际到访、评估过所有这些空间与城市。这样有效避免了建筑研究常见的空洞宣传。扬 · 盖尔说：“在建筑杂志里介绍的一些地方根本没有文章讲得那么迷人，另一些地方在杂志里出现的样子也比现实中漂亮得多，甚至还有文章介绍一个瑞士的广场，其实它早就不存在

案例研究：法国斯特拉斯堡

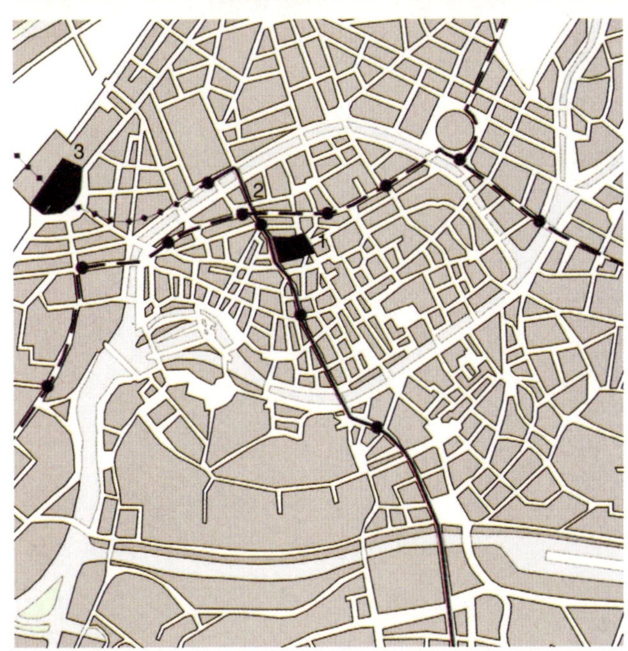

本书介绍了 9 个复兴城市的案例。每个城市的案例中，都描述了复兴策略的重要特征，并且收录了相关图片以及对改造过程的简明记叙。上面的图片摘自书中的法国斯特拉斯堡案例。

案例研究：美国波特兰先锋法庭广场

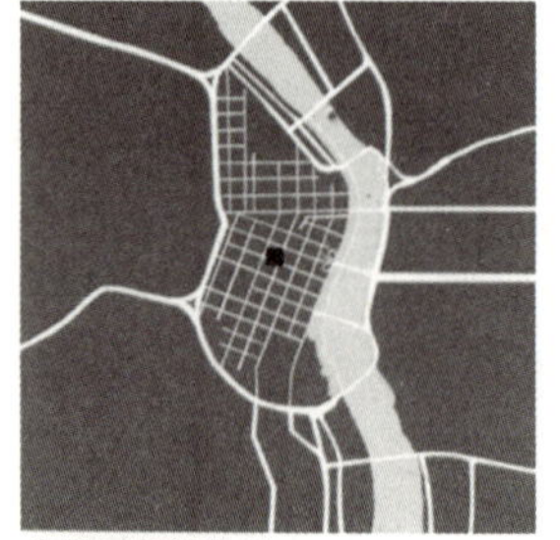

俄勒冈州波特兰
1：100000

先锋法庭广场
1：5000

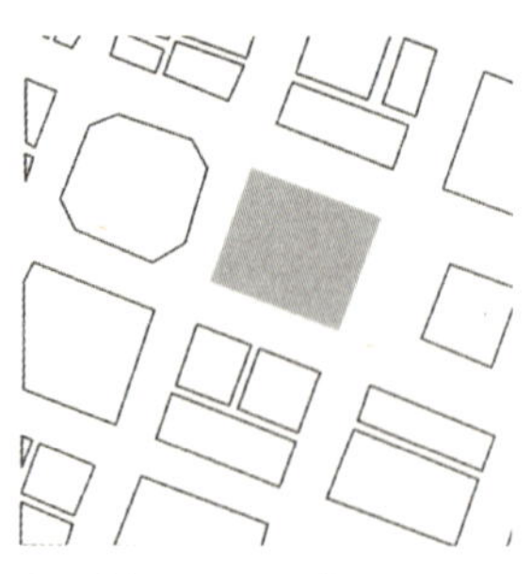

中心步行区：5100m^2
1：5000

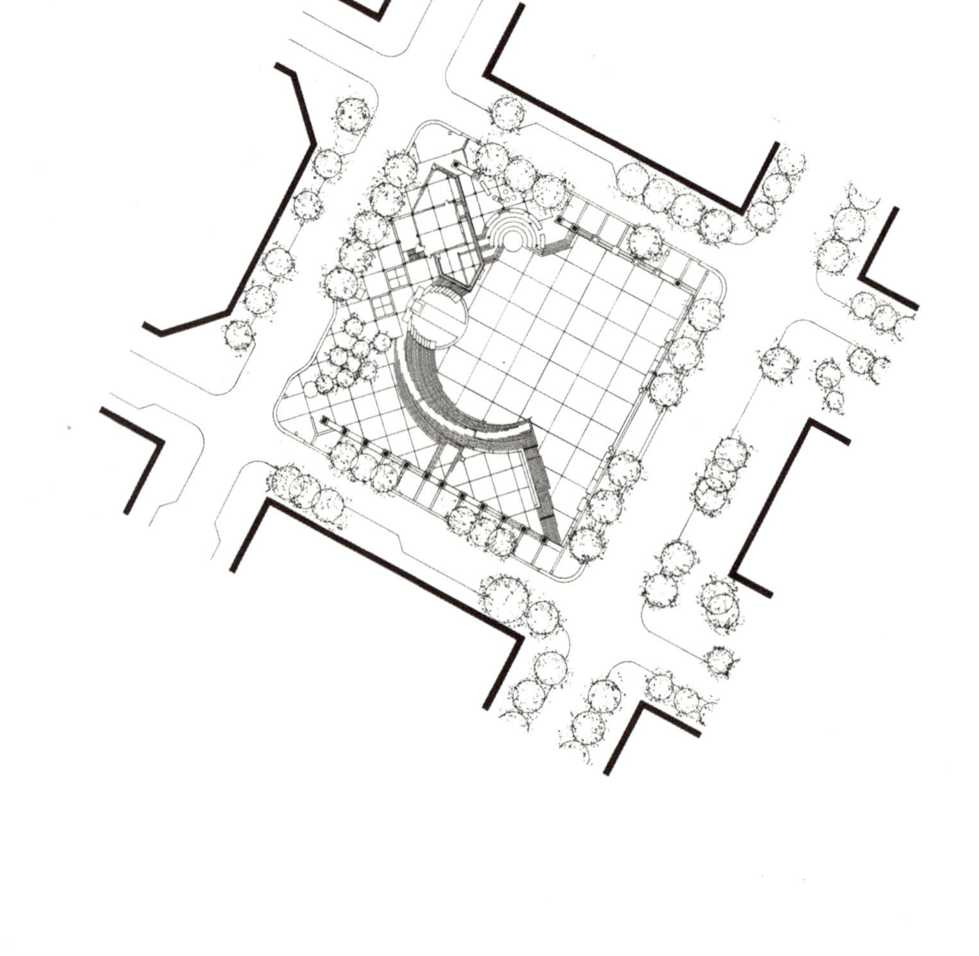

在全书最后部分，收录了20世纪末完成的全球39处别具建筑特色的街道和广场，每个案例都有地图和平面图，呈现出项目在城市中的位置、周边相邻的建筑环境以及项目本身的形态。收录的公共空间案例来自全球各地。本页图片摘自美国波特兰市先锋法庭广场案例。

了，因为那里经历了拆迁。”所以两位作者决定，一定要亲眼看到那些地方，才能把它们收录到书中。

收录的公共空间各式各样，从巴黎的香榭丽舍大街改造，到巴塞罗那和里昂一系列新广场的建设，再到全球各角落的城镇和乡村中一些并不起眼、但别具建筑特色的公共空间。从项目启动到正式出版，确定城市与公共空间、实地到访与遴选、准备图表等工作一共耗费了 8 年时间。

到了 2000 年秋天，书稿终于可以付印，丹麦文版和英文版的出版社都是丹麦建筑出版社，它也出版了扬·盖尔之前的著作。建筑学院为庆祝本书出版举办了一次盛大的活动，由丹麦城市部部长 Jytte Anderson 和美国驻丹麦大使（同时也是位建筑师）Richard D. Swett 分别发布两个版本。大使看到封面上波特兰的照片特别高兴。他说：“看来你们欧洲人是真心喜欢美国建筑。”

这本书的英文版一直是由丹麦发行，可能这不是一个“传播理念”的最高效方式，不过也算是“足够胜任”，因为其他几种文版也随之出版了。在 2000 年代初推出了捷克文、西班牙文、葡萄牙文和中文的译本，2012 年莫斯科又出版了俄文版。

本书出版史

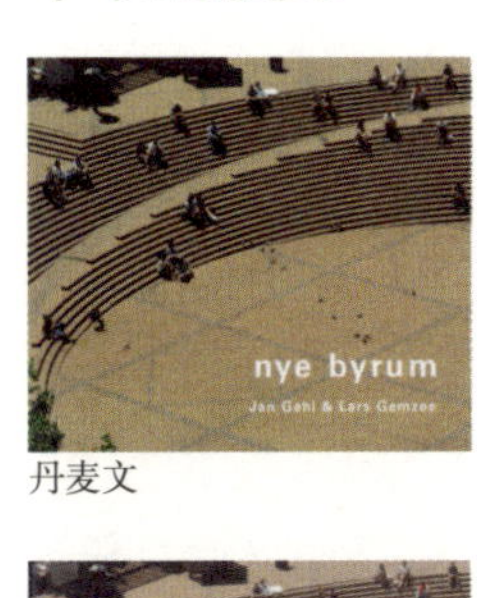

丹麦文

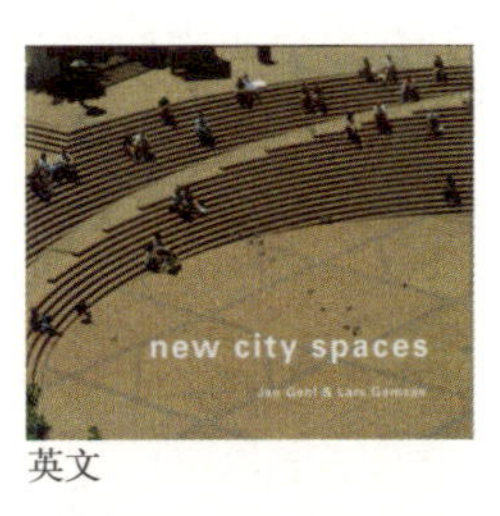

英文

葡萄牙文

西班牙文

中文

捷克文

俄文

《新城市空间》本质上是一本建筑学教科书。多年来，它除了最初丹麦文与英文版外，还有多种其他文版。

《新城市生活》，2006 年

扬·盖尔、拉尔斯·吉姆松、S·基尔克卢斯和 B·森诺高

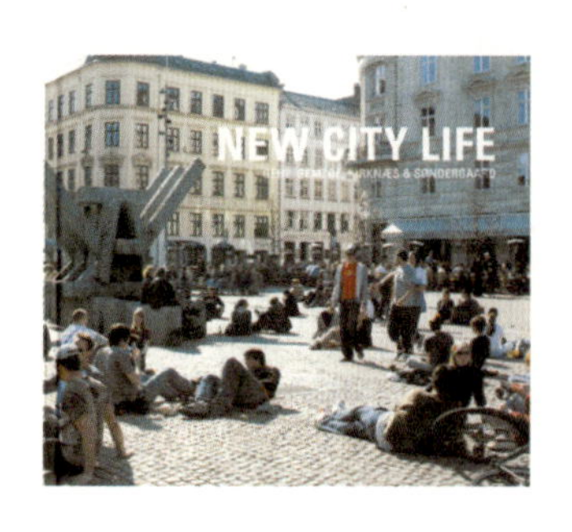

只要匆匆打量一下《新城市生活》的封面，就能猜到书里的故事：它介绍的是城市公共空间使用方式所发生的全新变革。封面照片是 2005 年春天拍摄的，地点是在哥本哈根一个住宅区域的广场上，它展示了城市空间像公园一样被充分使用于休闲娱乐用途。当时与今天一样，公共空间的各种全新使用方式正在迅猛发展。《新城市生活》描绘了这些方兴未艾的模式。该书由丹麦建筑出版社出版了丹麦文版和英文版。

从写作伊始，这本书就有了“软件书”的昵称。它的考察基础是前一本书《新城市空间》中介绍的各类公共空间。哥本哈根仍然是本书的关注重点，但是本书主要讨论的还不仅是其市中心区域的公共生活。毋宁说，本书选取了哥本哈根全城的一个截面，从郊区、到市政厅前的广场和皇家城堡。书中描述了 2005 年整年中，哥本哈根从市中心到外围区域在公共空间使用方式所发生的变化。

这项研究以公共空间研究中心为框架开展，这个中心数年前成立，但在 2003 年由于 Realdania 基金会的大力支持得以扩张（详见第 4 章）。《新城市生活》的研究是该中心执行的一个重要项目。之前的所有研究都只是“城市设计系全职教学之外的副业”，而基金的资助让作者们能够“投入全部精力，专注于项目研究，精心设计用于执行调研、表达沟通的工具”。中心的支持也有助于研究团队的扩大。S·基尔克卢斯和 B·森诺高原本学的是建筑，对于城市设计系都是新人，她们加入到团队中，既是研究者又是作者。

全书共分两部分。第一部分是较为概括的表述，讲的是人类活动从公共空间中的必要行为（比如走路上班）到越来越频繁的可选行为（比如找地方坐下，看着周围的世界消磨时间）的演化过程。书中用了若干种方法，包括一种扬·盖尔命名为“鲸鱼图”（The Whale）的常用图表，描述了从必要行为到可选行为的发展，并指出了这一发展对公共空间质量产生的需求变化。城市空间使用模式的变化让我们发现，空间质量是任何可选休闲娱乐行为的前提条件。只有在拥有优质空间的地方，“闲暇社会”里的城市居民才会考虑使用这些空间。

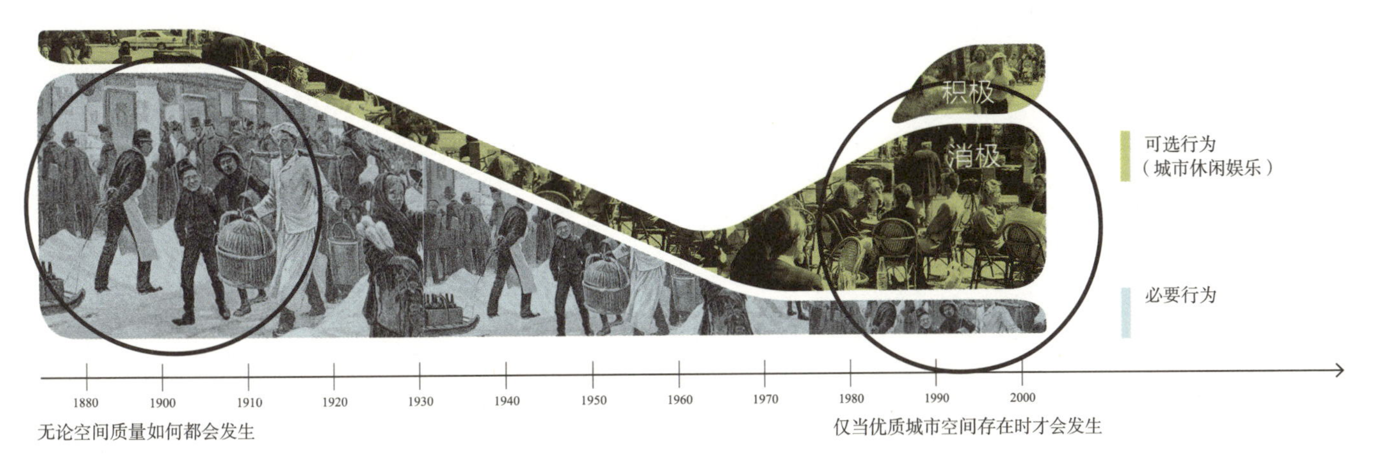

“鲸鱼图”表现了20世纪以来城市生活品格发生的戏剧性变化。1900年前后，必要行为占主导地位。街上熙来攘往的人群都忙于日常谋生。而到了20世纪末，可选活动则占了优势。虽然必要活动无论公共空间质量如何都会发生，但休闲社会中的可选活动是否发生，则取决于城市空间的质量优劣。

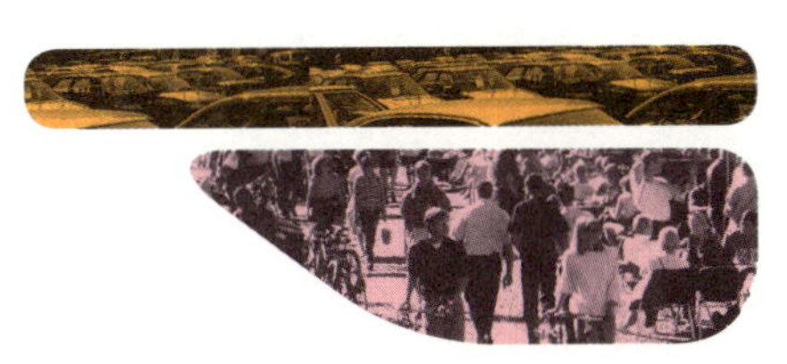

下图：夏日的哥本哈根 Nyhavn 大街。这个空间完全满足所有的质量要求；人们争相到这里消遣休闲。

保护

保护不受交通和事故困扰——安全感

*对行人的保护
*消除对交通状况的畏惧

免遭犯罪和暴力——人身保护感

*活跃的公共空间
*街道上目光的注视
*日间与夜间功能重合
*照明良好

免于不愉快的感官体验

*风
*雨/雪
*冷/热
*污染
*灰尘、噪声、强光

舒适

步行的机会

*步行空间
*不受阻碍
*路面良好
*为所有人服务的无障碍设计
*有意思的立面

站立/停留的机会

*边缘地带效应/吸引人站立或停留的区域
*给站立者提供的支撑倚靠

就座的机会

*可就座区域
*利用优势：视野、阳光、人群
*好的就座场所
*方便休息的长椅

观看的机会

*合理的观看距离
*无阻挡的视线
*有趣的景象
*照明（暗处）

交谈和聆听的机会

*低噪声等级
*构成“适合谈话的景观”的街道设施

玩耍和锻炼的机会

*鼓励进行创造性活动、锻炼和玩耍
*白天与夜晚都可以
*夏天和冬天都可以

乐趣

尺度

*按照人性尺度设计建筑和空间

从享受当地气候优势的机会

*阳光/阴凉
*温暖/凉爽
*微风

积极感官体验

*好的建筑设计与细部设计
*好的材料
*精美的视觉景观
*树木、绿植、水

关键词清单：关于步行区域景观的12个质量准则

经过多年研究，制定出了关于人性化景观的 12 个重要质量准则。按照保护、舒适和乐趣分成三部分。扬·盖尔在哥本哈根建筑学院的教学中曾经多年讲解这些准则，初次在《新城市生活》中将之发表，并在书中借助上述标准评估了哥本哈根市中心与郊区的 28 处街道及广场。

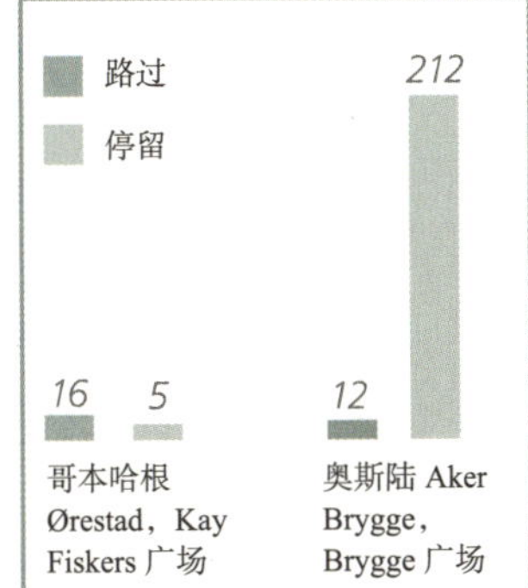

对两个现代广场进行了比较，一个位于哥本哈根市郊的城镇中（上图），另一个在挪威奥斯陆的新城区（下图）。奥斯陆的 Brygge 广场符合所有的 12 项质量准则，而哥本哈根的 Kay Fiskers 广场则违背了其中的大多数原则。虽然路过广场的人数基本一致，但是质量好的广场上总人数是另一处广场的 10 倍。

本书的最后部分考察了公共空间的一些基本类型：散步道，市中心空间，仪式空间，静谧空间，水畔空间，空旷空间等。由于“人性化空间质量”日益成为关注重点，书中引入了一份关键词清单，提出了衡量空间质量的 12 个重要准则，作者们借助上述准则评估了哥本哈根市全市的 28 处空间质量。这是第一次有城市对市民使用公共空间的情况进行如此详尽的全年考察。

《人性化的城市》，2010 年

扬·盖尔

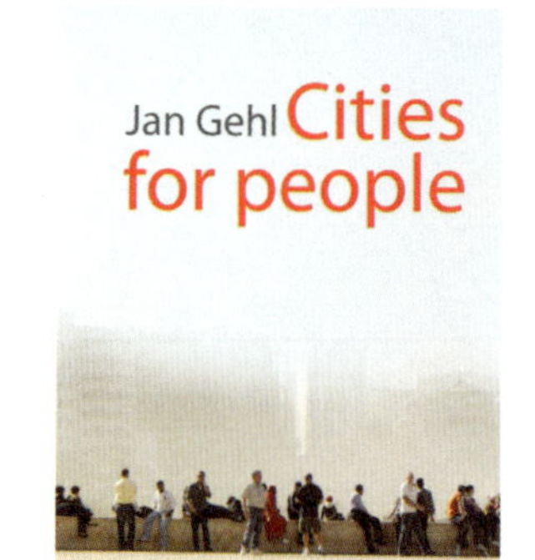

人们常问扬·盖尔：“《交往与空间》和《人性化的城市》两书区别在哪儿?”他的回答总是很简短：“40 年的时间。”《人性化的城市》覆盖了扬·盖尔 40 年的研究，这些年里，《交往与空间》介绍的理念在全世界的城市中获得了验证。《人性化的城市》回顾并重新表述了他 1971 年在《交往与空间》里最早推出的基本理念、原则和论断。他的目标是“和盘托出”。

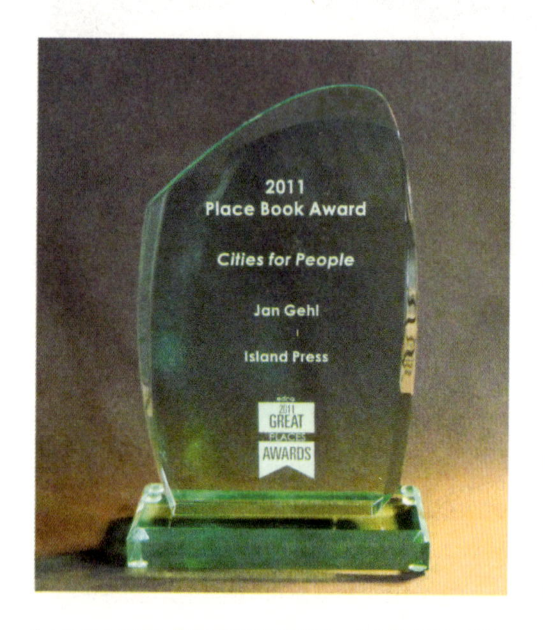

《人性化的城市》出版后获得多项奖励，并入选多种好书榜；环境设计研究协会（EDRA）图书奖是其中的一项。

Realdania 基金会起到了一个关键作用，不光是资助，更是因为他们坚持扬·盖尔应该把“他知道的一切都写出来”，既然他还沉浸在研究“交往与空间”的理论与实践中。正如他的大部分论著一样，幕后有一支非常能干的团队帮忙。这其中最重要的是公共空间研究中心的两个博士生卡米拉·里克特·弗里斯·凡·德乌斯和比吉特·斯娃若。2006 年时，扬·盖尔已从建筑学院退休，包括本书的各个研究项目都以盖尔建筑师事务所为大本营。丹麦文版由 Bogværket 出版社出版，英文版则由 Island Press 出版。

正如《交往与空间》以及他的其他大多数论著一样，《人性化的城市》主要取自扬·盖尔本人职业生涯中的研究、经历和案例，“很少涉及其他人的思考和发现”。本书从扬·盖尔的视角讨论其主题。其论述非常个人化，讲的也是在他眼中自己对学科领域的主要贡献。

本书坚持了扬·盖尔作品的一贯传统，精心收录了大量图表和照片，配合简练、直白的文字，生动直观地讲述了其主题故事。这个叙述方式让扬·盖尔的理念对于来自不同群体、不同文化的读者来说都很容易理解。

《人性化的城市》的主要论题是城市规划学科的范式转变。在现代主义规划范式与汽车入侵大行其道多年之后，人们期望21世纪的好城市能够是充满活力的、安全的、可持续发展的且健康的。

全书一开始，讨论了20世纪后半叶的两个主流规划范式：现代主义和机动车的入侵。在这个情形下，人性化维度被完全忽视、抛弃了。没人真正关心的是，这些全新的规划原则如何彻底地改变了人们使用公共空间的方式。

时至2010年，终于有可能通过案例呈现“鼓励”对城市中行为模式的影响。鼓励汽车，那么就会出现高流量交通。鼓励步行、公共生活和骑行，则会让人们使用公共空间的方式产生迷人的变化。哥本哈根、墨尔本、纽约和其他很多地方的案例都直观地说明了这一点。自始至终，扬·盖尔都强调了在今日社会中，城市作为一个会面场所的作用。

在第2章中，作者详尽描述了城市中人类感官和尺度处理的重要性，它们对于居民的健康和城市空间使用都具有关键意义。这在全书中是一个关键的理念。当现代主义规划师和交通工程师主宰城市规划的时代，人性尺度几乎被完全遗忘了。扬·盖尔认为，《人性化的城市》提出的一项最重要挑战，就是“复兴对尺度的审慎重视”。

下一章引入了全新的城市规划范式：21世纪所期待的城市是充满活力的、安全的、

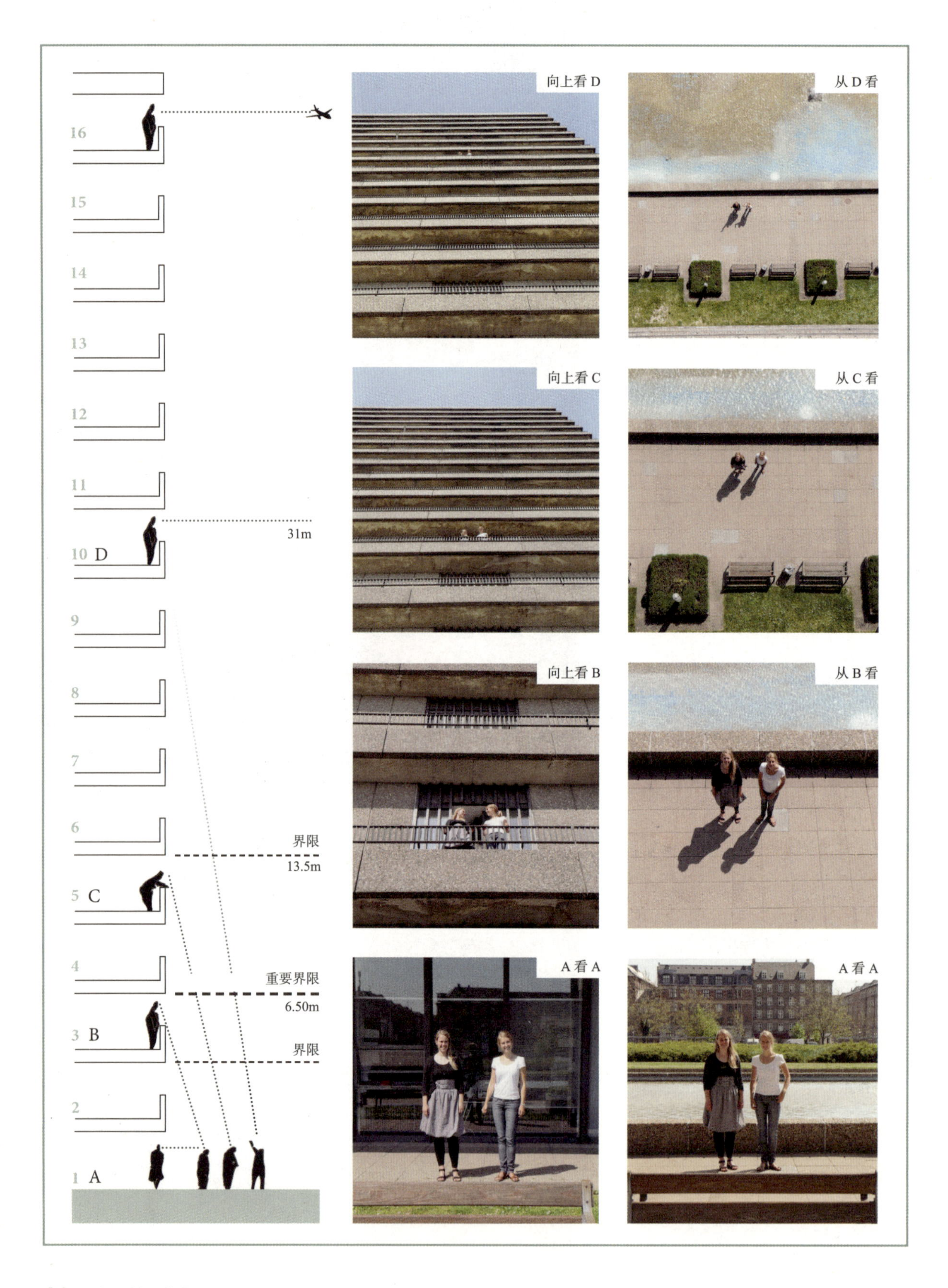
向上看D
从D看
向上看C
从C看
向上看B
从B看
A看A
A看A
16
15
14
13
12
11
10 D
31m
9
8
7
6
界限
13.5m
5 C
4
重要界限
6.50m
3 B
界限
2
1 A

《人性化的城市》与《交往与空间》一样，都着重讨论了人类的生理史：人的感官是如何发展的，它们对建筑和城市空间又会起哪些作用。为了营造人性化空间，理解人体、人类感官和人类行为至关重要。左页是对人类感官与高层建筑之间关系的研究。右图则是对近距离和小尺度的研究。

可持续发展的、健康的。本章对这四个方面进行了详细考察。每个方面都提供了案例，并讨论了在当今社会情况下，应该如何促进和激发建筑中间的生活。本章讨论了对个人安全日益增长的重视，也考察了解决安全问题的不同途径。扬·盖尔指出，创造人性化规划的解决方案恰恰也能够服务于营造可持续发展的、健康的城市的目的。他强调说："提倡步行和骑行具有直接的益处，不仅对改善气候、治理污染有帮助，而且会让每个参与者的个体健康受益无穷。事实上，不断增长的对可持续发展城市和健康生活方式的关注，也支持了人性化城市这一普遍而永恒的理念。"

后续章节以更充分的细节讨论了实际营造人性化城市的方式。正如《交往与空间》一书一样，扬·盖尔主张视平层面的城市质量对于成功的规划至关重要，他具体讨论了适合步行、站立、就座、观看、倾听、嬉戏、骑行等行为的城市特征。

在题为"生活、空间、建筑——依此顺序规划"的部分，作者介绍了新城市与邻里社区的规划原则。扬·盖尔表明，对于现代主义者来说，他们心目中的优先次序始终是"先建筑后空间"，最后可能会考虑一下生活；但是在这样一种优先次序中，公共空间中的生活永远不会良好发展。而古老城市的发展原则恰恰是按照倒转过来的决策次序，扬·盖尔争辩说，这也正是当代人性化城市设计需要采取的方向。首先是生活，其次是空间，最后才是建筑。本书简短的第 6 章讨论了发展中国家中快速兴起的城市面对的一些规划挑战，相对于扬·盖尔的其他著作，这种考察颇具新意。作者列举了来自库里蒂巴、波哥大和开普敦的案例，表明全球各地的城市都有对安全、有活力的公共空间的需

对页：在 1 至 5 层，建筑中与街道上的人们之间还可能交流。5 层以上，交流的可能性很快就消失了，视线接触层面变成与风景、云彩和飞机同平面了。

求。这一章指出，发展中国家既对创造人性化城市的理念提出了最大挑战，但又展现出对安全、健康的公共空间的最大需求。至少要为步行、骑行与公共交通创造出良好的公共空间和条件。在各类设施中，人性化的基础设施是价格最低、最易实施的。

本书最后一章是一个“工具箱”，收录了此前著作中展示过的多种重要工具、清单和关键图表。这个工具箱是对以往多年研究中汇集的要点的总结。

本书在哥本哈根、华盛顿和北京三地同时首发，取得了销售佳绩。书中传达的理念不再为丹麦人所独享。《交往与空间》出版40年后，书中的问题日益成为全球关注的焦点。

《人性化的城市》也取得了广泛反响，多种有影响力的规划与城市可持续发展好书榜收录了本书，其中包括环境设计研究协会（EDRA）办法的2011年最佳场所图书奖。

即便算上一开始就出版了的丹麦文、英文和中文版本，《人性化的城市》的后续出版史也非常可观。到2016年，本书已超过30种文版（含签约待出版的），其中包括马拉地文（一种印度方言）、波斯文（伊朗）、阿尔巴尼亚文、格鲁吉亚文、哈萨克文和爱沙尼亚文版本。作为一本新近著作很难得的是，它还很快就被翻译成了阿拉伯文、德文，甚至法文（作为“魁北克友善民众倾力工作”的结果）。

《人性化的城市》捷克文版在2012年出版，当时召开了隆重的发布会，丹麦驻捷克大使D・E・延斯毕（Ole E. Jensby）出席，同时还展示了大使馆用于货运的自行车，上面覆盖了丹麦国旗和纹章。

上图：《人性化的城市》合作团队在丹麦建筑中心外合影。从左至右：K · 斯滕哈德（Karen Steenhard），R · 索德（Rikke Sode），比吉特 · 斯娃若，I · 达克特（Isabell Duckett），扬 · 盖尔，M · L · 赫勒（Marken L. Helle），卡米拉 · 里克特 · 弗里斯 · 凡 · 德乌斯，A · 哈韦（Andrea Have）和拉尔斯 · 吉姆松。

下图：到 2016 年《人性化的城市》已有 24 种文版（或签约出版）；另有 8 种文版在不同阶段的准备中。《人性化的城市》这种迅猛的传播，表明全球对创造人性化城市的兴趣在日益增长。

到 2016 年的出版史

《公共生活研究方法》，2013 年

扬 · 盖尔和比吉特 · 斯娃若

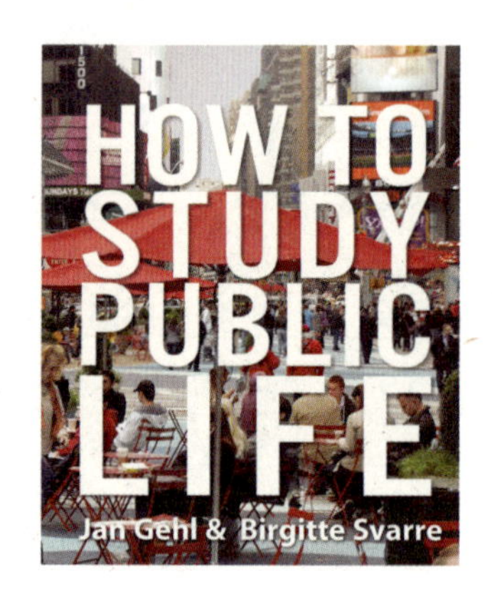

这本“6 号”著作与前 5 本都不同。它的主题既不是公共空间中的生活，也不是物理环境，但在论述中对二者也都有涉及；其实际主题是讨论研究、记录、系统化总结公共生活的各种方法。

与《人性化的城市》一样，本书出版的动因也是 Realdania 基金会，他们提出，应该对 1960 年代开始在丹麦进行的公共生活研究进行总结，以使其方法为世人广泛采用。他们对扬 · 盖尔说（当然表述比较客气），趁着他“还能记住研究细节，应该抓紧做这项工作”。鉴于现在研究传统由盖尔建筑师事务所负责传承，这本讨论方法的新书也由事务所牵头创作。比吉特 · 斯娃若是本书的合著者，也是项目的负责人。

本书介绍了对“公共空间中公共生活与建成环境之间的互动关系的研究”形成一个专业的，具有自身工具、参与者、研究方向及学术流派的研究领域的过程。而本书还是相当忠实地遵从了哥本哈根学派强调观察工具的传统。对于公共生活研究，首先是提出一系列一般性的研究问题，包括“谁?”、“什么?”、“哪儿?”、“何时?”、“多快?”、“多久?”、“多少?”等，随后讨论了回答这些问题的各种方法。书中结合一批行业先驱者（大多是美国人）的简介，描述了这个新兴学科的发展历程。本书的重点章节（无论是篇幅方面还是信息量上）是名为“从事公共生活研究：研究札记”的第 5 章，其中收录了 20 个研究故事。这一部分讨论了全球多个地方的街道、广场和公园，把读者带到了许多日常场景的研究现场中。大多数案例取自哥本哈根团队的研究，遵从这个学派的传统，书中介绍的研究方法与团队成员本身的建筑学背景有很强的相关性。读者可以轻易分辨出其中包含的测量、记录和归档方面的训练。当然，本书的目的是广泛地介绍这个学科领域的实际运作方式，也要兼收并蓄其他流派的工作方法，所以本章中也收录了若干来自其他研究学派的案例。

前面的章节介绍了大量方法，并展示了这些方法工具给建筑学与城市规划带来的新见解，而最后两章介绍了把它们应用于真实项目的方式，尤其是在各个城市中，以始自哥本哈根的“公共空间 – 公共生活”形式开展的项目。这种形式的调研今天在全球各种规模的城市中开展，从小型地方城市，到伦敦、纽约和莫斯科这样的国际化大都市。随着对人们使用城市方式的调研逐步展开，全新的思维方式与全新的人性化公共空间规划

本书出版宗旨在于总体介绍多年来发展出的各项研究方法。对页展示的是实施观察研究时需要的基本工具。

观察研究的基本工具

现场计数法

在公共生活研究中，现场计数法是一个被广泛使用的工具。原则上说，每一种事物都可以被计数。计数可以形成前后对比，既可以运用于不同地理区域，也可以运用于不同时期。

探寻痕迹法

人们的活动通常会留下痕迹，从而给观察者提供城市生活的信息。可通过计数法、影像记录或地图标记的形式记录下来。

地图标记法

在被研究区域的平面图上绘制（用符号标记）出活动、人群、停留场所等研究要素，记录活动发生的类型、数量和地点。这种方法也称为行为图式法。

影像记录法

影像记录是公共生活研究里必不可少的一部分，尤其是在空间改造完成后，我们可以通过拍照记录判断，公共生活与建筑形式之间是否发生了有效的互动。

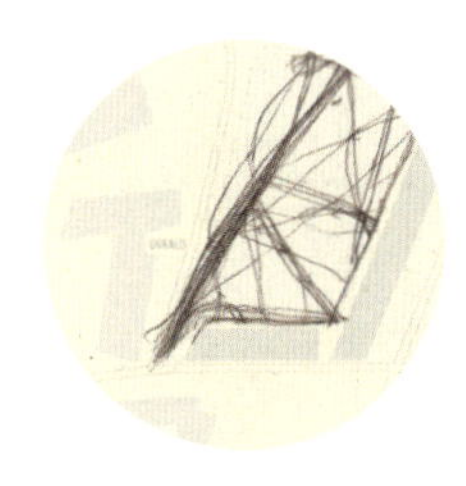

轨迹记录法

以运动路线的形式，在被研究区域的平面图上绘制出人们在空间内部或跨空间运动的轨迹。

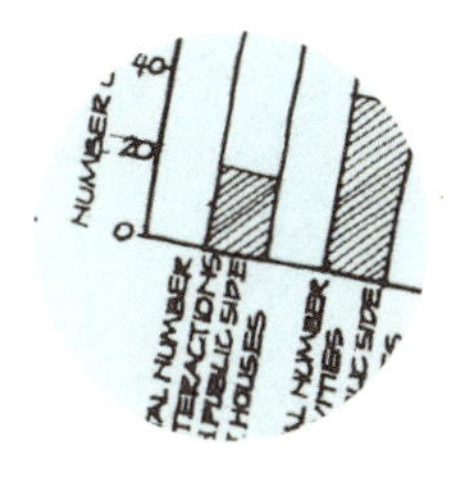

日志记录法

以日志形式对公共生活和空间之间的互动细节与微妙差异进行记录。日后可对这些记录进行归类与量化。

跟踪记录法

为观察人们在较大区域或较长时间内的活动特征，观察者可以悄悄跟踪观察对象（既可以不令其知情，也可以事前告知并取得其同意）。这一方法也被称为尾随记录法。

步行测试法

在观察过程中可以或多或少安排系统化的步行活动，这样观察者能够亲身发现特定路线中存在的问题和潜能。

案例研究：悉尼市中心的步行条件

步行测试法是评估城市步行条件时的常用工具。在不同目的地之间步行，评估其质量，测算其时间，记录给定路线上出现了多少障碍物和多久停顿等待。本页案例取自对悉尼的步行测试，表明在该城步行需要较长时间停顿等待，尤其是在东西方向行进时。

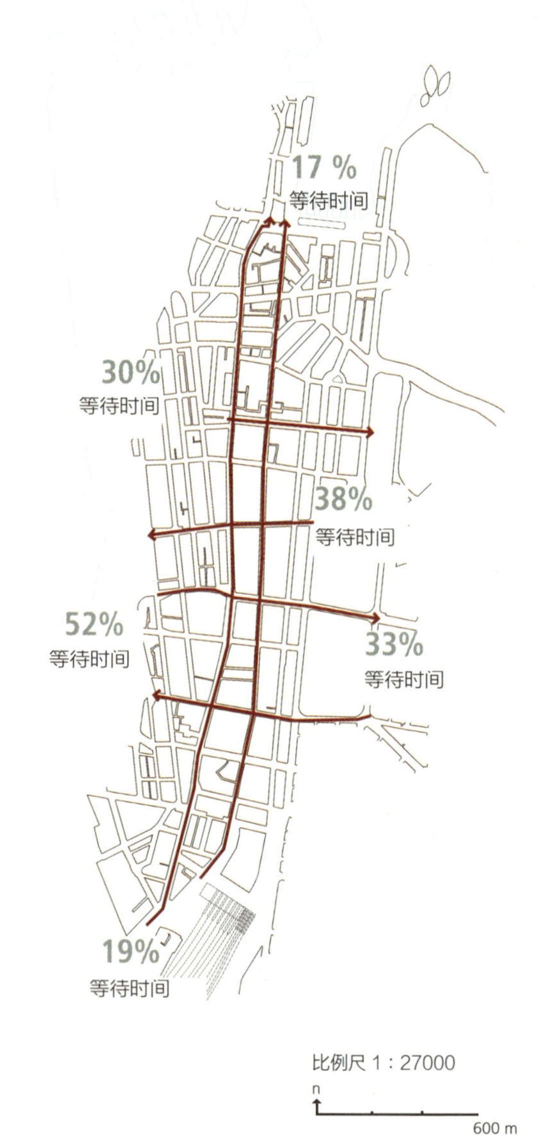

方式不断涌现出来。

最后一章以哥本哈根为例，引人入胜地介绍了“公共空间 – 公共生活”研究对政策进程的推动；多年来这种研究转化了人们思维定式，为了城市使用者的福祉实现了许多巨变式的改造。

《公共生活研究方法》向读者介绍了如何记录人们使用城市的方式，它是这个领域首开先河的著作之一，受到了广泛关注。2013 年，其丹麦文版由 Bogværket 出版社出版，英文版则由 Island Press 出版；随后韩文、德文、罗马尼亚文、日文、伊朗文、俄文和中文版已经或即将推出。

其他著作的畅销可能表明公众对相关理念的支持与接受，而本书的畅销则表明这个全新的专业领域方兴未艾。

到 2016 年的出版史

丹麦文版

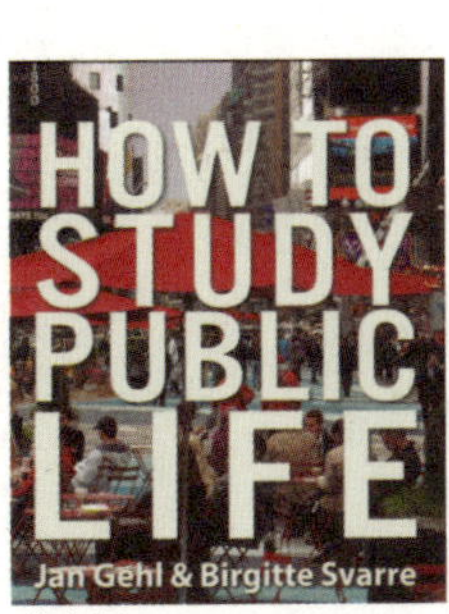

英文版

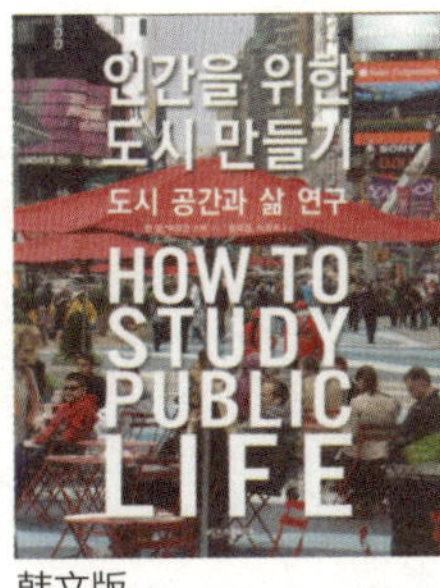

韩文版

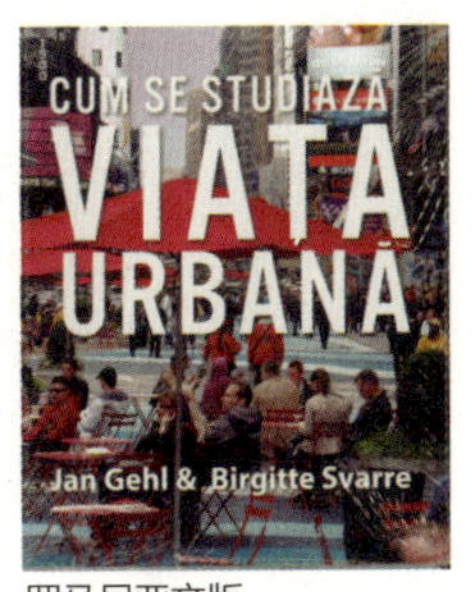

罗马尼亚文版

中文版

日文版

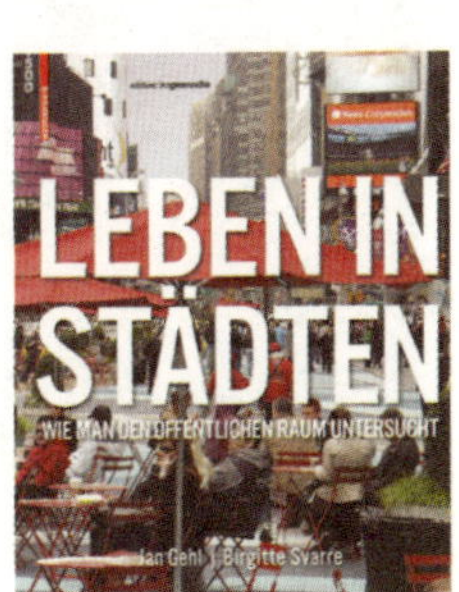

德文版

Bourke St
Dotti

6

改变城市

第6章　改变城市

城市像书一样，也能被人阅读，而扬·盖尔就是那个了解城市语言的人。

——理查德·罗杰斯勋爵，建筑师

2000—2008 年曾任伦敦市长肯·利文斯顿的首席建筑与城市规划顾问

1990 年，扬·盖尔开始帮城市做顾问咨询，当时这算是他在建筑学院城市设计系全职工作之外的一项副业。哥本哈根从公共空间研究中受益颇多，若干邻国也发现了这一点，希望效法。奥斯陆首先邀请扬·盖尔前往进行类似研究（1988 年），不久后斯德哥尔摩也发来了邀请（1990 年）。与哥本哈根研究项目当时的情况一样，奥斯陆的调研只是一项纯粹的学术研究，提交了很多数据，让挪威人自己制定后续决策。发现了这个学术性模式限制太多之后，扬·盖尔第一次在斯德哥尔摩的项目中转变了角色，以私人咨询师身份开展"公共空间 – 公共生活"调研。这样，他不仅完成了研究的"空间"和"生活"部分的调研，而且提交了"建议"部分，为城市后续改造提出了解决方案。对于调研和咨询工作来说，斯德哥尔摩算得上一个特别有意思的城市。虽然两次世界大战对它都没有什么损害，讽刺的是，城市的领导人在 1940 年代和 1950 年代决定按照最前沿的现代主义风格对市中心进行拆迁改造。结果，城市跟若干战后重建的德国、英国城市有着类似的面貌，而其风格和功能与澳大利亚的墨尔本和珀斯也如出一辙。对斯德哥尔摩进行的调研给城市的未来发展带来的相当大的影响。扬·盖尔现在回顾说，哥本哈根式的调研之所以能够扩展到这两个北欧城市，其实是得益于他个人的学术关系。

1993—1994 年，扬·盖尔在珀斯开展了第一次斯堪的纳维亚国家之外的"公共空间 – 公共生活"研究，这是他与澳大利亚的首次接触，其缘由还是学术关系推动的。珀斯调研之后，是 1994 年在墨尔本进行的初次调研；而在此后二十多年间，扬·盖尔的调研几乎遍及澳大利亚和新西兰的所有重要城市。由此完全可以说"万事都从南方开始"。*

除了这些南半球的调研外，扬·盖尔还在丹麦的很多地方城市（首先是欧登塞）完成了这种"副业式"项目。1998 年，他在爱丁堡市承接了一个有趣的任务。这是世界上最美的城市之一，也是联合国教科文组织确定的世界遗产。如此出众的特色却没能让城市逃脱交通规划师的毒手。扬·盖尔在 1998 年完成的报告相当简短，但主要是批评性的，敦促这个城市尽快改造其公共空间。

越来越多的客户敲响了扬·盖尔的大门，他那间经营"副业"的办公室也满是帮着干活儿的城市设计系毕业生（人员流动很快）。这时扬·盖尔，特别是他夫人英格丽

* 澳大利亚和新西兰都是南半球国家，而珀斯、墨尔本两个城市又同在澳大利亚南部。所以作者用特指大洋洲国家的俗语"down under"（南方）来表明，扬·盖尔的咨询事业起步于南半球的"南方"。——译者注

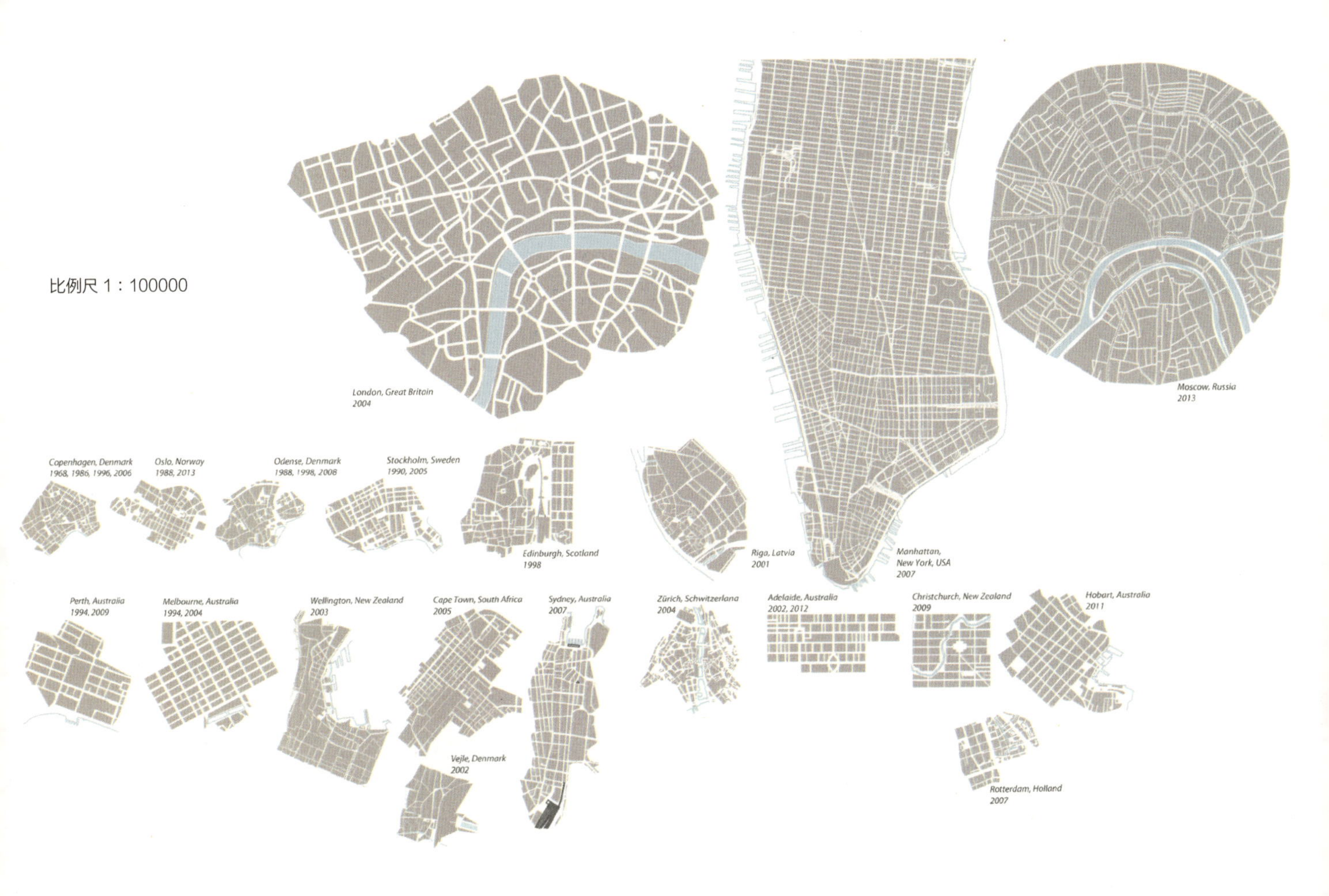

以上是扬·盖尔亲自实施过“公共空间 – 公共生活”调研的一些城市的平面图。图中显示的是调研进行的城市区域，只有伦敦、纽约和莫斯科例外——这三个城市的平面图中标记了中心城区的若干街道、广场和公园，调研主要在这些区域进行。

德，认识到是时候按照更专业的方式做事了。2000 年扬·盖尔开办了盖尔建筑师事务所，提供城市质量咨询服务，建筑师赫勒·绍霍尔特（Helle Søholt）作为企业的联合创始人和 CEO。

“正式开业”后，盖尔建筑师事务所承接的项目大为增长。现在扬·盖尔面对潜在客户再也不必采取搪塞的口吻（“我确实想去你们城市看看，不过还是先得忙完学校里的考试”），而是可以积极、迅速地回应日益增长的需求——“如果你希望拥有宜居的、可持续发展的、健康的城市，那么我们能帮上忙——马上。”

在 21 世纪开头十年中，扬·盖尔不仅在澳大利亚和新西兰城市开展工作，也在多个欧洲城市（挪威德拉门，2002 年；拉脱维亚里加，2001 年；瑞士苏黎世，2004 年；荷兰鹿特丹，2007 年）以及一些小型的斯堪的纳维亚城镇完成了项目。2003—2004 年，“大家伙来了”——扬·盖尔第一次为真正的“大城市”伦敦工作。数年以来，扬·盖尔为“公共空间顾问团”教学和工作，这个顾问团的主席是建筑师理查德·罗杰斯，他正好担任伦敦市长肯·利文斯顿的首席建筑与城市规划顾问。这样的个人关系带来了若干会面，最后伦敦市成为第一个邀请盖尔建筑师事务所实施“公共空间 – 公共生活”调研的国际主要城市。本章后续部分会详细介绍这次调研的内容，而这个项目也让盖尔建筑师事务所能够自2007年起为纽约市工作。扬·盖尔在纽约进行了一系列演讲，让听众感受到了营造人性化城市的迫切需求。期间他也建立了一些有价值的个人联系，尤其是与J·萨迪克–汗结识。2007年，迈克尔·布隆伯格市长宣布了著名的PlaNYC规划，意图让纽约成为一个可持续发展的城市，而其中就援引了哥本哈根的成功案例。不久之后，J·萨迪克–汗成为纽约市交通局的专员。她与规划专员A·伯登（Amanda Burden）一起访问哥本哈根，亲眼了解这个城市。从那时起，扬·盖尔和盖尔建筑师事务所就参与到了纽约市的改造中。

2011年，扬·盖尔在蒙特利尔的生态城市大会上发表了一次“标准式”的演讲，介绍了“公共空间–公共生活”调研的特点，也谈到哥本哈根、墨尔本、悉尼、伦敦和纽约都在根据这项调研的结果营造宜居、可持续发展城市。演讲结束后，莫斯科市副市长A·库尔巴斯夫斯克（Anton Kulbashevsky）邀请扬·盖尔和盖尔建筑师事务所前往莫斯科，帮助他们改造城市。2011年底之前，扬·盖尔和他的团队已经启动莫斯科的项目，2013年提交了研究报告，到2016年，这个巨大的城市中到处已经可以看到明显的改变。

莫斯科项目之后，全球各大洲的多个城市也开始了其调研项目。盖尔建筑师事务所派出多支团队到各个城市执行调研。莫斯科项目完成后，新一代的团队在企业合伙人与总监H·万贝格（Henriette Vamberg）领导下承担项目工作。

本章提到的各个城市项目都由扬·盖尔本人直接参与，并担任项目负责人，通常都有H·万贝格作为“团队伙伴和工作知己”。选择这些城市案例收入本书，是因为扬·盖尔感到这些都是“他的”城市——他与那些人、那些地方之间产生了深厚的感情。

这些案例体现出扬·盖尔对城市发展影响——经过扬·盖尔的调研和咨询后，无论城市自身如何演化，他的工作与理念都将在那里留下持久的业绩。

扬·盖尔与澳大利亚和新西兰城市

自1970年代在珀斯和墨尔本担任客座教授起，扬·盖尔就与澳大利亚结下了不解之缘；对这个地方与文化产生了特殊的亲近感，尤其喜爱当地民众的幽默、亲切的个性，以及对宜居而可持续发展的城市的广泛兴趣。扬·盖尔与盖尔建筑师事务所在澳大利亚的影响和业绩基本是靠口口相传，除珀斯（1993—1994年，2008—2009年）和墨尔本（1994年和2004年）外，他们还承接了很多其他城市的项目，比如阿德莱德（在2002年和2011年开展过两次“公共空间－公共生活”调研）、悉尼（2007年，项目仍在继续进行）、布里斯班（昆士兰州政府委托进行的郊区调研，2009年）、霍巴特（2010年）、朗赛斯顿（2010年）、卧龙岗（2014年）。扬·盖尔在新西兰的项目也很多。他和团队承接过惠灵顿（2004年）、克赖斯特彻奇（2009年和大地震后的2011年）以及奥克兰（2009—2010年）等城市委派的工作。

换言之，扬·盖尔的理念像“篝火一样在南半球不断传播”。全球没有其他地方像澳大利亚和新西兰一样如此广泛深入地接受了扬·盖尔人性化城市规划的理念，两国的所有主要城市（堪培拉是唯一例外）都采用了这些发源于斯堪的纳维亚国家的规划原则作为城市发展的指导。扬·盖尔一直主张，斯堪的纳维亚和大洋洲国家的生活质量和城市质量在整体上有共通之处。大多数“世界宜居城市排行”都把这两个地域的城市排在榜单的前列，这说明两地在城市规划中都非常注重生活质量问题。

扬·盖尔在澳大利亚城市的工作始自1993年，至今仍在继续。不少城市执行了多次调研。澳大利亚和新西兰的所有主要城市（除了堪培拉）都采纳了扬·盖尔及其团队的城市规划建议。

盖尔建筑师事务所——扬·盖尔的故事

赫勒·绍霍尔特和扬·盖尔

2000年5月1日，扬·盖尔和赫勒·绍霍尔特一起创办了盖尔建筑师事务所。赫勒·绍霍尔特在1998年从哥本哈根建筑学院的城市设计系作为建筑师毕业。在哥本哈根毕业后，她前往美国西雅图的华盛顿大学学习，获得了城市设计硕士学位。在这期间，赫勒不时帮助扬·盖尔经营他的“副业”项目，因此当新公司成立时，她就理所当然成为创业伙伴。从成立之日起，赫勒负责公司的运营，扬·盖尔则利用多年的研究经验带来业务中的洞察力。

新公司起步后成长迅速，不仅承接了哥本哈根和一些澳大利亚城市的项目，也有不少爱尔兰、挪威的新城镇找上门来。仅仅5年内，客户与项目的数量增长突飞猛进，员工队伍也大为扩张。即便是2008年到2011年的经济衰落时期，公司承接的项目仍然稳步增长，涉及的国家也越来越多。来自不同专业背景的员工承接了非常多样化的任务。更多相关信息可以在公司的官方网站www.gehlpeople.com找到。

多年来，赫勒证明了自己具备领导天赋，在她运营管理下，公司在质量和规模上都持续提升，在纽约、旧金山设立了分支部门，到2016年员工超过50人。事务所仍在为阿拉木图、上海、东京等地开展“公共空间–公共生活”调研，但现在它还承接很多不同类型的项目。

2011年扬·盖尔年满75岁，他开始从公司第一线岗位上退下来，不再担任合伙人，并把股份转让给了下一代同事。到2016年，盖尔建筑师事务所有了6个新的合伙人，扬·盖尔担任独立资深顾问，乐于看着下一代同事们继续把他的理念推行到世界的各个角落。

盖尔建筑师事务所，2008年

澳大利亚墨尔本，1994—2004 年

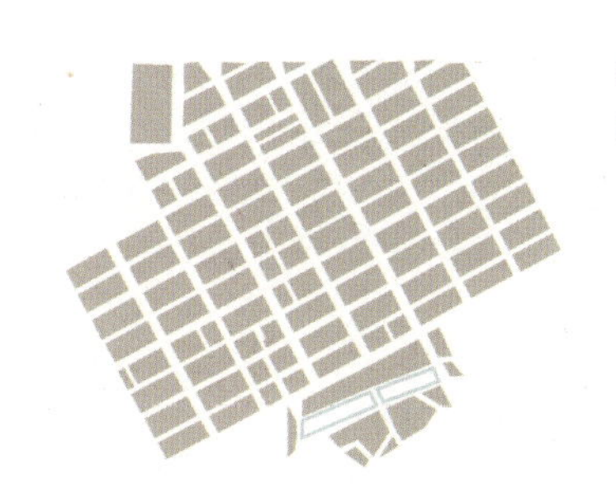

墨尔本调研区域
比例尺 1：50000

这些年来，澳大利亚维多利亚州的墨尔本一直被称为世界最宜居的城市之一。[46] 但这并非从来如此。为了实现这个人人羡慕的目标，墨尔本市以人性化城市为理想，实施了循序渐进、统筹协调、持久不懈的改造。

扬·盖尔认为，由城市设计总监 R·亚当斯领导进行的墨尔本改造，是一个给人印象极其深刻的案例。他应墨尔本市邀请前往进行过两次“公共空间 – 公共生活”调研，一次是在 1994 年，另一次在 2004 年（由盖尔建筑师事务所进行，扬·盖尔担任项目负责人）。两次调研结果显示出了巨大的变化，墨尔本在城市人性化改造方面收获了丰硕成果，调研结果也帮助墨尔本在经济学人信息社（Economist Intelligence Unit）评选的 2014 年、2015 年“全球最宜居城市”排名中荣登榜首。

1970 年代，当扬·盖尔担任墨尔本大学和皇家墨尔本理工大学的客座教授时，墨尔本的中心城区在经济和人口两方面都处于

因其对改善澳大利亚城市生活质量的贡献，盖尔建筑师事务所和墨尔本市获得了 2006 年度的“澳大利亚城市设计奖”。

墨尔本始终是一个“街道的城市”。但是，广场对于发展多侧面的公共生活也至关重要。今天，墨尔本拥有了两个精彩的城市广场：市政厅广场和联邦广场（左图），后者被评为澳大利亚最佳公共广场，诚为实至名归。

墨尔本的改造包括人行道的整体拓宽，用青石铺成路面，并种植大量行道树，堪称史上最佳的街道美化工程。上图和左图分别是 Swanston 大街改造前后的照片。

衰败中。维多利亚州政府和一家非政府组织“墨尔本委员会”（1985 年成立）提出了一项方案，要振兴市中心，让它成为“本地区超过 300 万居民的活跃而迷人的生活枢纽”。[47] 但这个方案中忽视了街道层面的细节。

1994 年，R·亚当斯（Rob Adams）希望听取专家意见，从而了解墨尔本距离营造活跃而迷人的城市中心和公共空间的目标还很远，于是他邀请扬·盖尔帮助墨尔本市进行一次“公共空间－公共生活”调研。扬·盖尔与亚当斯密切合作，对这个城市进行了充分调研，他们两人一起制定出了一份雄心勃勃而又切实必要的城市改造目标清单。

在其后的十年内，墨尔本市与州政府一起实现了一个综合改造计划，内容包括：对街道和小巷的改造，建造新的城市广场，在市中心区域引入更多的住宅建筑，降低道路的交通容量，加强著名的墨尔本有轨电车线路，此外还有一些促进商业活动的工作。

改造计划实施后，中心城区的经济大幅增长，所有的重要经济、人口和旅游指标都大为改观。这些转变要归功于扬·盖尔的“公共空间－公共生活”调研引发的城市改造，尤其要归功于 R·亚当斯强有力的领导。

扬·盖尔这样描述：“这个城市原本是人们早晨冲向办公室、晚上又冲回家的地方，就像蚂蚁一样在蚁巢和其他地方之间奔波往返；而现在的城市则邀请大家散步、逗留、坐下、享受城里的生活。”[48] 扬·盖尔在各地讲演时经常谈到，“现在的墨尔本有着类似于巴黎的情调和生活质量，而气候又比巴黎好得多。”

R·亚当斯说，题名为“人性化场所”

墨尔本改造的一项重要成就，是让很多功能性街巷重新焕发生机。

颇具雄心的骑行基础设施工程使用的是“哥本哈根风格的自行车道”，也就是说，停车道可以对骑行者起到保护作用，而不是像其他很多城市一样，让自行车行驶在停车道外侧。

的墨尔本“公共空间 – 公共生活”调研之所以成功，是因为调研最后的建议方案由扬 · 盖尔、盖尔建筑师事务所和市议会合作实施，并且由市议会表决通过，列入了他们的项目和战略计划中。[49] 调研和人性化改造长期进行，延续实施了多年，这表明了市政府明晰而持续的投入。调研帮助了改造计划获得议会支持。

现在，墨尔本市在全市各重要地段放置了电子计数器，定期计算步行人数。除此之外，他们还自主进行公共生活调研，2015年城市基于对步行经济价值的评估，发布了一项步行规划。在这个城市，对公共空间和公共生活的系统化记录已成为常规举措。扬 · 盖尔认为，所有城市都应该如此对待公共生活。

我与扬·盖尔的故事

R·亚当斯，墨尔本城市设计与工程总监

1985年，我协助撰写了城市战略规划，之后市政府让我留在相关岗位上，确保规划的实施。规划的愿景是，这个在1980年代一直走下坡路的城市应该成为“具有24小时全天候生活的地方，重振墨尔本昔日的风貌”。城市收入不高，所以战略只能借助市政府的现有力量逐步完成。

1993年，我第一次与扬·盖尔会面。此前的将近十年间，我参与了一系列城市改造项目，但每个规模都很小、都有逐步改良的性质，所以市民们就像泡进慢慢升温的热水一样，没怎么注意周围发生的变化。鉴于这样的考虑，又得知了扬·盖尔在许多城市进行的调研，我们决定碰面，看看他能否帮我们做好城市调研，讲好我们的故事。

这样产生的成果就是1994年发表的第一次“公共空间 – 公共生活”调研，双方团队一起合作，对城市生活和舒适度的多项要素进行了评估。第一组数据作为评测固然重要，但我们没有预想到的是，扬·盖尔的知识与热情会给我们的事业带来巨大推动。他一加入项目，就以其巨大声誉支持并传扬了我们完成的很多项改造。外来的和尚好念经，他的说法比本地人更可信，有了他的支持，我们顺利地让市议会通过了此后十年的工程方案。我们两人也成了密友，能够经常磋商意见、分享知识。

在此后的十年中，扬·盖尔常常访问墨尔本，出席会议、发表讲话，推广优秀的城市设计理念。他为我们的工作方式和投入态度所打动，因此在国际场合宣传墨尔本的城市改造，由此墨尔本的新形象在国际舞台上广为人知。

墨尔本改造的一个重要步骤发生在1992年，也就是扬·盖尔进行第一次调研之前的一年。市政府制订了一项抱负远大的计划，力图把住宅区带回市中心。这个计划名为“邮政编码3000”，背景是1980年代后期的房地产崩盘，这样就可以将大量空置的商业办公建筑改造为住宅。1985年，计划期待在未来15年内把15000套住宅单元引入到市中心。这一计划取得了高度成功，市中心的公寓住宅数量从1985年的685套增长到2000年的15000套。受益于该计划的成功，再加上其他渐进式改造的实施，到了2004年我们和扬·盖尔再次合作进行调研时，城市面貌发生了完全的改变。

第二次调研命名为“人性化场所2004”，是前一次调研的一个精致升级版，它清晰展现了20年来墨尔本中心区发生的巨变。此外，它也基于当时已经进行的持续改造提出了新的建议。盖尔团队用专业的演示和易懂的数据，把城市改造的故事娓娓道来。扬·盖尔对墨尔本改造的国际宣传与同期发生的一系列国际活动以及2006年英联邦运动会一起，把墨尔本的国际声誉带到了全新高度。

多年来，我与扬·盖尔的个人友情、我对他知识与热情的敬佩一直有增无减；在2006年下半年，我去哥本哈根进行了为期6个月的访问，又进一步加深了这种感情。

在访问期间，我有幸参观了扬·盖尔的两个工作场所，一个是他在建筑学院设立的公共空间研究中心，另一个是盖尔建筑师事务所。我能够与赫勒、拉尔斯以及他们其他天才的团队成员会面，实在是一件幸事。他们的价值观和合作精神也正是这个团队在城市设计领域如此出众的原因。在墨尔本，我参与到德国交通、建筑与城市事务部委派进行的一项研究中，这个项目是德国为担任欧盟主席国做的准备。项目名叫“Baukultur（建筑文化）—— 增长的激励，欧洲城市的优秀范例”，考察了12个从衰败中振兴的城市。墨尔本虽然不是欧洲城市，但也被列入其中的一个范例。这之后，虽然墨尔本和哥本哈根路途遥远，但我们的友谊一直长存；我们一起合作了多个城市项目，其中包括共同在纽约讲学。

扬·盖尔的思想极具塑造力，他的首部著作《交往与空间》在我看来像简·雅各布斯的《美国大城市的死与生》一样，属于20世纪最重要的城市设计著作之列。声望对他来说有些迟到，但如今他已经名满天下，这让我由衷欣慰。对于世界经济来说，城市是经济、社会、环境诸领域的综合驱动器；而扬·盖尔对于城市发展的影响力，我们现在才刚刚开始觉察；作为年届八十岁的长者，他的全球影响丝毫没有减弱的迹象。

搬到墨尔本去住是个不错的想法。该市多次被评为世界最宜居城市。

英国伦敦
2002—2004年

伦敦
交通拥堵收费区域
比例尺 1：50000

伦敦进行的“公共空间－公共生活”调研对于扬·盖尔和盖尔建筑师事务所来说是一个里程碑。这是他第一次承接全球主要都市的调研项目——一座700万人口的城市。伦敦市长肯·利文斯顿及其首席建筑与城市规划顾问理查德·罗杰斯勋爵一起致力于“把人们带回城市，强调高质量设计的重要性”。[50]2003年起，城市开始对进入中心城区的车辆收取拥堵费，收费区域相当大，覆盖了伦敦市中心约23平方公里的面积。

伦敦的“公共空间－公共生活”调研是由伦敦及中伦敦交通部门在2003—2004年委派进行的。[51] 由于其规模大、复杂度高（市中心不仅面积大，而且很多功能中心都从该处发源，延伸很远），所以这项研究需要开发新的调研工具和方法。调研无法覆盖整个中心城区，只能在选定的区域、针对特定问题进行，因此地段的选择也必须审慎考虑。鉴于这些情况，团队采取了“针灸式调研法”。这一方法选取若干街道、广场、公园作为代表性案例，而将所有案例组合在一起，就能充分反映这个庞大、复杂城市的主要问题和潜在优势。

研究发现，伦敦具有非常多吸引人的品质，但受到了交通问题的极大困扰，对于机动性弱的人群（比如老人、残障人士、坐轮椅或推婴儿车的人）尤其困难重重。研究表明，很多地方没有给行人留下足够的步行道。步行道往往非常拥挤，路线上有众多阻碍，让行人只能绕道而行。十字路口的设置通常很复杂，行人需要按电钮，礼貌地申请过马路。等绿灯亮起后，灯光还会不断闪烁，行人必须快步猛跑才能在红灯前通过。街道标识数量少、不明晰，公共空间里也缺乏可坐之处。在扬·盖尔和盖尔建筑师事务所着手工作前，基本没有统计记录过步行者的运动模式和数量。

> 这项报告的作用是充当变革的催化剂，让关键决策者和项目实施者看到，伦敦的公共空间能够怎样转化。[52]
> ——P·布朗（Patricia Brown），中伦敦区首席执行官

伦敦可能有很多优点，但盖尔建筑师事务所 2003 年在伦敦开展调研时，他们看到的步行景观质量却是糟糕得令人吃惊。

在进行步行环境质量评估时，提出了一组简单问题：沿路走？过路口？绕道走？坐下？倾听和聊天？视平层面的气候？审美和设计？天黑后的情况？

步行景观的形成

交通环境

汽车为王

步行环境

沿路走

在城里边听边聊

过路口

城里的气候

绕道走

在城里观看

在城里坐下

夜晚的城市

骑行环境

在城中骑自行车

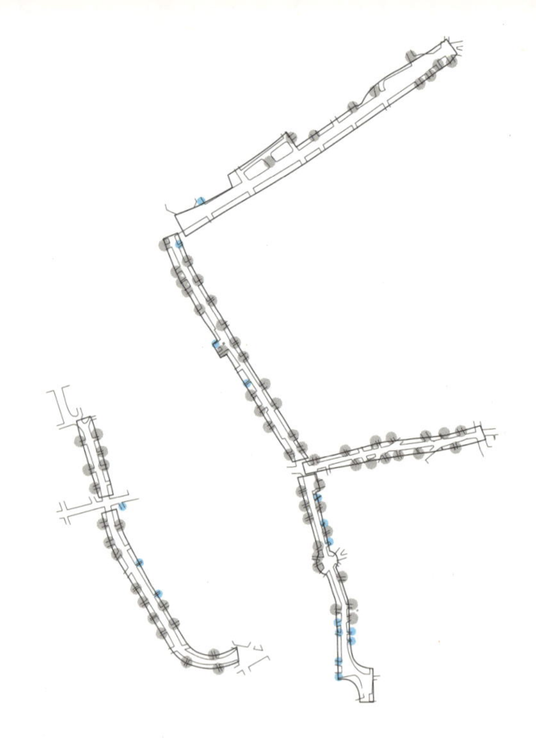

人行道上常出现不必要的障碍物，这是伦敦的一个特色。在调研进行的街道上（包括摄政街和托特纳姆宫路），一共发现了74处不必要的步行障碍物，如左边的步行道平面图所示。

在这份题为“建设美好的人性化城市”的报告中，扬·盖尔和盖尔建筑师事务所推荐采取一种渐进式的改造策略，重点在于转变人们对“伦敦能够成为什么样”的认知。报告建议强化并充分利用伦敦的独特优势，包括大量的城市广场和泰晤士河的沿岸地带。提出了一系列具体措施，包括：注重道路安全，形成连贯一致的步行与城市设计政策，增加步行优先街道，在街道中增添艺术品、景观和座位，在市内给骑行创造良好条件等。

报告给伦敦带来的影响，与其说是立竿见影的物理改造，不如说是思维定式的转变；不过，我们确实也陆续看到一些物理改造已经实施。依照扬·盖尔和盖尔建筑师事务所的建议，伦敦已进行的改造包括：全城增添了很多休闲娱乐元素，泰晤士河沿岸增加了河滩，若干道路变为混合交通方式（比如博览会路），特拉法加广场改为步行区域，皮卡迪利广场的重新设计，沿泰晤士河南岸增添了步行道等。

考虑到2004年调研暴露出伦敦在公共空间质量方面的众多缺陷，而“建设美好的人性化城市”报告则提出了大量改造建议，扬·盖尔事后经常透露自己对伦敦“改造进程缓慢”感到失望——尤其是与纽约、莫斯科等城市的举措相比。伦敦下属的多个行政区划是自治管理，而城内的很多地方为少数几个土地拥有者所有，这样的政治制度和所有制结构加大了决策难度。伦敦市和下属的各区没有邀请盖尔建筑师事务所进行后续调研，大概也出自同样原因。但是，在2004年后，伦敦的多个大型地产项目邀请盖尔建筑师事务所提供咨询服务，其中包括格罗夫纳地产（Grosvenor Estate）拥有的梅菲尔（Mayfair）和贝尔格莱维亚（Belgravia）等地区的街道、广场扩建改造项目。

近年来，伦敦进行了不少街道和广场改造。一种有新意的做法是“夏日街道”：在特定的夏日时段，若干街道对汽车交通封闭。右图是安静、没有汽车的摄政街。

伦敦的很多地方为少数几个土地拥有者所有，因此改造也需要由地产公司而非地区政府来实施。右图是梅菲尔地区蒙特街（Mount Street）改造前后的照片。格罗夫纳地产邀请盖尔建筑师事务所进行梅菲尔地区的整体改造规划，图中的改造就是该项目的一部分。

约旦安曼
2004—2006 年

在约旦安曼进行的调研和工作对于扬·盖尔有着特殊的意义。

在安曼的工作与很多其他很多项目有类似的开始。当地政府日益希望进行城市改造，于是通过多种途径邀请扬·盖尔到安曼讲学。

讲学促成了安曼市政府与扬·盖尔和盖尔建筑师事务所之间的合作，约旦国王信任这群出色的建筑师和学者，把改造城市的重任托付给他们。

扬·盖尔和他的团队执行了多次略受限制的“公共生活”调研，对安曼若干区域和公共空间的改造提出了建议。其中一项建议是在安曼东部的 Ashrafieh 区建造一个全新的广场。这个区域人口稠密，是大批巴勒斯坦难民居住的地方，但是基本上没有公共空间。该区域已有一座重要清真寺和市内的一个主要医院；新建议的意图是用一个大型公共广场体现该区域的多元特色。建成的广场给这个原本缺乏开放空间的区域提供了人们盼望已久的休闲娱乐空间。

在安曼进行的其他改造项目还包括 Sweifieh 区的 Wakala 街步行改造、古罗马剧院周边历史地区的改造，以及为保护城市独特的天际线将若干山顶高层建筑迁移到山谷中。

安曼城地处丘陵地带，主要道路则是在山谷中。从各个角度看去，每座单体房屋都显得极具特色，而道路也是整体城市景观中的重要部分。对于房屋颜色和屋顶空间的安排，政府颁布了规定，以确保城市的视觉统一性。

安曼东部的 Ashrafieh 区缺乏公共开放空间。市政府选址并且在 2007 年建造了一座新广场（Abu Drweesh 清真寺广场）。

城市设计方案：盖尔建筑师事务所；项目建筑师：Tibah 咨询公司 / Ayamn Zuayter。

左图：从广场上望去，形成了一个全新的城市景观。

对页图：广场改造前后对比。

安曼政府的投入和激情让扬·盖尔深受感动；当他回顾多年来在这么多城市进行的项目时，他总是把自己在安曼的工作列为最满意的项目之一。

澳大利亚悉尼，2007 年

调研区域：悉尼市中心。
比例尺 1：50000

悉尼是一座美好的城市，曾举办过奥运会和多次国际峰会，有着著名的水边散步道。但是多年以来，它在市中心区域提供的空间质量，却不会让来访者兴奋地想给家里写信。这就是 2006 年市政府邀请盖尔建筑师事务所前来提供咨询时的背景情况。

2007 年，扬·盖尔和盖尔建筑师事务所应邀给悉尼的市中心地区进行一次评测调研。[53] 市政府立意将这项调研列入其雄心勃勃的长期战略发展规划“可持续发展的悉尼 2030”中。

调研发现，在悉尼如画的自然景观与著名的水边区域之外，城市很大程度上被汽车交通所主宰，行人和公共生活都受到了忽视。街道和交通功能（尤其是一条横贯的公路以及市中心与环形码头之间的一个大规模火车站）把市中心与它的很多主要区域分隔开来。虽然在市中心区域，白天 90% 的交通活动是步行，但街道却没有努力欢迎行人。研究结果表明，整体而言，城市应该按照更人性化的方式进行规划和设计。

为了响应调研报告中的建议，市政府对主干道乔治大街（George Street）进行了步行化改造，用轻轨交通取代了公共汽车，并在全城引入了骑行战略规划。从政治上讲，乔治大街的步行化非常艰难。有了调研报

悉尼政府为了应对气候变化的挑战提出了一项战略：悉尼要变绿！

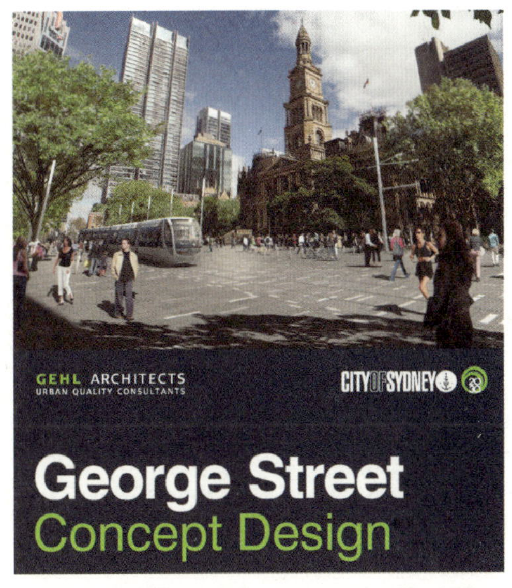

多年以来，主干道乔治大街一直被汽车交通、噪声和污染主宰。把这条城市中轴线转化成步行街和轻轨街道的改造始于2016年。

告，有了扬·盖尔出席多次公共会议并由媒体广泛报道，改造方案中的这个关键部分得以成功实施。

贯穿乔治大街的轻轨把大学与环形码头的港口连接起来，驶过城市的中轴线，经过当地的多处重要地段。作为改造项目的一部分，乔治大街的主段成为步行街，其他各段按照林荫大道重新设计，为行人、露天咖啡座和各类活动保留了宽阔的步行路面。因为在城市中心改造过程中对可持续性发展的关注投入，悉尼在2016年的“李光耀国际城市评奖”中获得了特别提名奖。

改造工程延伸到了市中心之外。市政府与州政府合作，修建出了自行车道与步行道路网络，通过彼此分隔但共享路面的步行道和自行车道把市中心和周边区域连接起来。

扬·盖尔对悉尼的影响

C·莫尔（Clover Moore），澳大利亚悉尼市市长

扬·盖尔的“公共空间－公共生活”调研是悉尼市“可持续发展的悉尼2030”长期战略规划的一部分，这个规划设定了悉尼在今后20年以上时间发展的愿景。

扬·盖尔看到，这个城市有许多优点：迷人的公共海岸，悉尼歌剧院、海港大桥等地标建筑，大片公共用地以及独特的地貌特征等。但是市中心区域却饱受交通、公共汽车拥堵、噪声等问题困扰。扬·盖尔问道：你们更重视哪方面，是你们的人，还是你们的车？

扬·盖尔高瞻远瞩，将乔治大街确定为城市中轴线，在这里打造一个大型轻轨徒步区（mass-transit mall），用轻轨连接环形码头和火车站广场，并给步行者留下宽阔的空间。三个市内广场更将为此增色：环形码头、市政厅广场和中央车站。

扬·盖尔在悉尼的工作让我们能够说服市议会以及其他决策方通过规划方案，释放出市中心区域的全部潜能。他提出的一整套综合理念和建议适时合宜，极具挑战性和洞察力，从战略层面和细节层面推动了“可持续发展的悉尼2030”规划的实现。

扬·盖尔的“公共空间－公共生活”调研让我们更好地思考城市公共生活、户外休闲体验的未来与重要意义。

扬·盖尔是一位伟大的沟通者，他对自己专业的热爱让很多人受到触动，让他们看到自己的城市能够被充分改造，能够释放出自己作为宜居的、适合步行的、富有活力的迷人城市的全部潜能。

悉尼市政府营造出温馨的文化氛围，精心设计各种标识向市民传达全市的发展战略和目标。“我们今后可以在城市里享受步行和骑行。”

参观国王大街自行车道一期工程，街上悬挂了丹麦国旗（丹麦皇储正是在这个街角遇到了王妃）。

作为“绿色悉尼”战略的一部分，市政府正在逐步实施颇具雄心的自行车道规划。

“别了悉尼！”城市改造的首批措施之一就是在街道上取消单轨列车。这种列车没有什么交通作用，只是一种吵闹的娱乐兜风项目，而电缆塔又妨碍了步行交通。

美国纽约，2007—2013 年

曼哈顿平面图，中央公园南
比例尺 1：50000

在城市规划者眼中，“大苹果”（Big Apple，纽约市的昵称）具有全球意义和巨大影响力。对于扬·盖尔来说，他为纽约市交通局提供的咨询服务也有特别意义。他喜欢这样唱（灵感来自纽约歌手法兰克·辛纳屈）：“要是在这儿行得通，到哪儿都行得通。”

2007 年，J·萨迪克－汗专员领导的纽约市交通局聘请扬·盖尔进行一次“公共空间－公共生活”调研。调研目的是增进交通局对人们使用城市方式的理解，在各种不同交通方式之间达成平衡，并且促成“一批富有远见的项目”，让城市公共空间得以“复兴”。[54]

很多人在纽约步行，经常让人行道和休息场所过于拥挤，谈不上什么乐趣可言。还有可改进的空间！

扬·盖尔在纽约开展的调研和项目与其他城市不同，首先是调研的地点不同（本次调研既包括市中心也包括外部城区的特定区域），其次是成果不同。纽约市交通局发布了自己的报告“世界级街道：重新营造纽约市的公共空间”，[55] 其中包括了若干关键方面的调研数据，也概括介绍了他们的公共空间

metro
Entertainment
Winter arts guide p/12

Walk this way

Planner points city, groups toward an unclogged New York

通过纽约《Metro》报，扬·盖尔的故事发行了超过 100 万份。这对他本人来说也是平生首次。

2007年6月，纽约交通局和规划部门的专员J·萨迪克－汗和A·伯登一起到哥本哈根进行了短期考察。她们在那里亲身体验了人性化城市战略的细节方面。这成为盖尔建筑师事务所在纽约工作的开端。

政策。这与扬·盖尔发布报告、提出政策建议的做法有所不同，但是其中包含了扬·盖尔的理论和方法。

调研毫无意外地发现，在城市中太多行人都在人行道上拥挤地行走，没有地方供人坐下、休闲。市内的公共空间太少，通常难以抵达，也不欢迎人进入。纽约的街道主要是让人快速路过、前往其他地方的通道。

调研结果让纽约市交通局获得了他们想要的数据和信息，他们清楚地认识到应该对何处进行改造，并且也了解到一些快速取得效果的办法。2008年，交通局就开始以非常快的节奏在全市实施改造。

改造包括：拓宽人行道，营造新广场（通常是使用道路或公园空间），出于安全目的简化街道空间的使用方式（清晰地界定步行、骑行和车行区域）。改造之前，通常用一些小规模试验项目验证其思路，看看哪些行得通，哪些行不通。

作为改造的一部分，市政府制定了一系列临时措施，包括"夏日街道"计划，曼哈顿的公园大道等街道在8月特定的周日时间禁止汽车通行；邀请人们到"夏日街道"中步行、骑行，还可以进行舞蹈、健身等其他活动。[56] 2015年，超过30万人参与了"夏日街道"活动。[57]

城市改造最明显的部分，就是新建的广场和增设的骑行道。在2007—2009年间，市政府增设了超过300公里自行车道，其中包括沿百老汇大街和其他若干大街的安全骑行线路。2007—2011年间，骑车通勤的人数增长了一倍。今天骑车人数还在稳步增长，虽然已没有改造之初增长那么快。整个纽约市的自行车道一共长达843公里。[58]

2007年开始的改造实施完成后，人性化空间面积增长至原先的11倍。这是一项非凡的成就。其中最有标志性，还是百老汇大街在时代广场、先驱广场、麦迪逊广场和联合广场处的步行改造，以及把百老汇大街打造成一条"林荫大道"的再开发。2007年的调研发现，时代广场的步行区域存在严重的拥堵问题，每天超过15万人从这个地方经过；人行道极其狭窄，可以说完全不具备步行条件。

> 仅仅几年前，我们的街道还跟50年前一个样子。50年不变样可不是好生意！为了反映人们今天的生活方式，我们对街道进行了改造。我们为人、而不是为车设计自己的城市。[60]
>
> ——J·萨迪克·汗

在 2008 年纽约市开辟新自行车道设施之前，社会活动团体在街道上进行海报涂鸦，反映城市对骑行道路的需求。

为了让这处空间更为人性化，交通局在 2009 年 5 月启动了一个测试项目，在百老汇大街 42 街到 47 街的路段禁止车辆通行。这也就是新广场形成的初期阶段，这个测试表明，行人受伤事故少了，污染减少了，由于流量管控得当，本区域其他街道的交通状况也有所提升。附近的商业场所的营业额同样出现了增长。道路步行化之后，临街商铺的营业额上涨了 14%。[59]

这项临时关闭措施在 2010 年 2 月永久化。2012 年，市政府选中挪威的 Snøhetta 建筑设计事务所把该区域改建为广场（计划 2016 年完工）。

对页：第 9 大道在引入自行车道前后的照片。这是纽约打造适宜骑行城市战略的最初举措之一。到 2014 年，纽约共建成 843 公里长自行车道。

AILEY
LANE

AILEY

TOSHIBA
TDK
CHEVROLET
Budweiser
SOUTHPOLE
Kodak
RESCUE ME
THE LION KING
YAHOO!
Bank of America
WELCOME
AMERICAN EAGLE OUTFITTERS
LAKEFRONT
LAKEFRONT LINES
ONLY
he was

纽约最重要的改造之一，就是引入了50个新的步行空间，不仅在曼哈顿，而且遍及全市。其且中最突出的，还是在百老汇大街的若干路口处禁行汽车而形成的广场。

对页：2009年春的时代广场。
本页：2009年夏的时代广场。这一转变给全球许多城市带来了巨大灵感。“要是在这儿行得通，到哪儿都行得通。”

扬·盖尔对纽约的影响

——J·萨迪克－汗，布隆伯格协会；2007—2013年曾任纽约市交通局专员，著有《街头斗争：城市革命手册》

我的“扬·盖尔故事”始自2007年，我们在哥本哈根初遇，当时我刚被任命为纽约市交通局专员不久。布隆伯格市长的“PlanNYC”可持续发展计划要求我改造纽约街道，营造全新的公共空间，更好的公共交通方式，并以前所未有的速度建设新的自行车道。当我到达哥本哈根，拜访扬·盖尔时，我们一起骑车，还在他的办公室或是露天咖啡座，一边喝咖啡一边畅谈城市设计。这样我们结下了深厚友谊，这也对纽约的规划实施产生了巨大影响。我以调研观测开始，继以深入研究，最后按照量体裁衣的方式，把哥本哈根的自行车道带到了纽约街道上。

我猜想，纽约人会对专属自行车道抱怀疑态度，不过哥本哈根式的解决方案（用停着的汽车构成自行车道，保护骑行者不受汽车干扰）则不太会引起警惕，所以我们在回国几个月后立刻启动了这样的改造。有些反对的声音说：“我们不是哥本哈根！自行车道在这儿行不通！”我学着用扬·盖尔的方式来描述这些改变，这确实有助于引导争论。改造实施之后，这些做法似乎是人们司空见惯的事物，立刻成为城市街景的一部分。最终，我们在城市里营造出843公里的街区自行车道，它们增添了人们在街道上的安全感，每年都吸引上百万的新骑行者骑车上街。扬·盖尔乐于提醒我，我担任交通专员的6年里，在纽约建设的步道总长比哥本哈根50年来修建的都多。我猜这是因为哥本哈根不是纽约！

我邀请扬·盖尔来到纽约，主持一次著名的公共生活调研，这对纽约改造来说是一个非常重要的起步。只有像扬·盖尔这样的“城市法医”才能给一条街道做出诊断，并提出明确的解决方案。他不仅研究一条街上开多少辆车，更研究多少人使用这条街，他们是步行、骑车还是停留，他们怎么与空间互动。扬·盖尔的研究表明，我们的街道已经失去重心。在时代广场，只有11%的面积留给步行者，哪怕他们占到了每天经过该区域交通流量的90%。绝大部分空间都被汽车占据了。如果你在人行道上停下，你就会被人群挤倒。可悲的是，人们为了在街上行走，居然以人行道的安全为代价。有了这样的深刻认识，我在交通局的团队开始重新设计街道和标志性空间，让这些空间与人们使用它们的方式更加匹配。

从我们在百老汇大街上的时代广场和先驱广场禁行汽车那一刻起，这些空间就重获新生，人们立刻占据了他们能获得的每一寸土地，而转移到周边街道的车流行驶也比从前更顺畅了。这些改造也提升了相关区域的经济，因为商铺的收入与数十万步行者有关——而与数万辆开过此地的汽车关系不大。空间的质量提高了，邀请人们在这里逗留，鼓励他们用新的眼光看待原来的街道。对于纽约市的“穷街陋巷”（Mean streets）* 来说，这是一个令人难以置信的成就。而时代广场的案例也让全世界震动，世人由此发现，城市可以为人而建。

扬·盖尔看待我们街道的方式，确实发掘出潜藏在楼宇间、路缘间的改造机会——我把这个称为“藏在熟视无睹的之处的公共空间”。我们街道的真实故事蕴藏在城市民众中间。街道的活力、经济、吸引力和安全，以及街道为民众服务的方式，与街道的基础设施本身具有同等的重要性。如果你在讨论街道设计时不充分发动民众的力量，那么形成的设计也不会让城市有效运转——而且你说的也就不是扬·盖尔式的语言。

---

* 作者在这里借用了以纽约为背景的著名黑帮电影名“Mean Streets”（中译“穷街陋巷”）来表达对原先纽约街道情况的不满。——译者注

扬·盖尔获 2009 年专员特别奖，表彰他在纽约街景与公共空间方面的杰出贡献

在特定的夏天日子里将街道对汽车封闭，这个做法始于南美国家，纽约也加以采用。若干街道和广场禁行汽车，对各类活动开放：散步、跑步、舞蹈、游戏，特别是骑行。上图：布鲁克林的住宅街区。下图：作为“夏日街道”项目的一部分，曼哈顿的公园大道被民众的活动接管了。

俄罗斯莫斯科，2012—2013 年

莫斯科中心区平面图
比例尺 1：50000

2011 年莫斯科市的环境部长 A·库尔巴斯夫斯克在蒙特利尔听到扬·盖尔在一次生态城市会议上的讲话。他邀请扬·盖尔和盖尔建筑师事务所前往莫斯科，帮助市政府改善城市公共空间的质量。扬·盖尔和其团队对中心城区进行了一次“公共空间 – 公共生活”调研，主要关注花园环路内、全俄展览中心周边的区域，考察从夏季到冬季的公共生活。

调研结果以报告“莫斯科：打造伟大的人性化城市（2013）”形式发表，表明虽然莫斯科有很多吸引人之处（比如紧凑的中心区，宽阔的林荫大道，很多美丽的绿色空间以及历史遗产区域），但是整个城市已经“被汽车淹没”。本来极具开发潜力的河流与运河两岸都被用于停车，而非营造人性化空间；而城市中很多富有活力的部分却很难步行通达，也很难找到。很少有步行交通流量，主要集中在地铁站附近，这是极差的步行环境导致的结果。在这个城市，人们几乎不再步行，即便距离很近都会乘地铁。此

2012 年，与盖尔建筑师事务所签约后，莫斯科市政府出版了扬·盖尔三种著作的俄文版。新书发布会上的合影，从左至右分别是克罗斯特地产集团董事、A·多巴申（Alexei Dobashin），莫斯科市环境部部长 A·库尔巴斯夫斯克、扬·盖尔和丹麦大使 T·R·延森（Tom Risdahl Jensen），后者看起来有点忧虑！

2012年的莫斯科调研发现，这个城市受到交通拥堵和乱停车现象的严重困扰，而视觉环境则受困于过度张贴的商业广告。

缺乏停车管理，行人经常不得不绕开重重障碍才能行进。

主要街道特维尔大街 2011 年 12 月照片。人行道上停放汽车，只给行人留下 1 米空间。街景灰暗，商业广告阻挡了视线。

主要街道特维尔大街在 2013 年 6 月的照片。随意停放的汽车不见了，设置了长椅和绿植。灰色的街景逐渐被绿色取代，丑陋的广告也消失了，让人能看到远处的克里姆林宫。扬·盖尔说，这简直是奇迹般的转变。

外，城市中的许多便利设施都很少被人使用，视觉质量很低。[61]

很多道路和街道上为步行留下的空间不够，未能鼓励行人步行，而且步行道路上包含大量障碍物。比如在主要街道特维尔大街上，每 100 米就有 30 处障碍。路口处行人等待时间很长，更没有吸引行人停留的场所。

报告中的建议包括：增设通往河边和绿色公园的路径，在主要区域大幅改变步行设施状况。

到 2016 年，莫斯科经历了明显改观。引入了停车规则，并加以严格执行。原先是交通拥堵的街道和停车场，现在变成了人性化的街道和步行广场。左图：库兹涅茨基桥大街（Kuznetsky Most）2013 年。右图：库兹涅茨基桥大街 2016 年。

甚至在调研开展的过程中，莫斯科市就已经开始进行一些变革。转变发生的速度绝对令人吃惊。2011 年时，主要街道特维尔大街因为人行道上始终停着汽车几乎无法步行。到 2013 年，步行道上的汽车不见了，取而代之的是绿植和树木。对于扬·盖尔来说，这样的转变简直就是奇迹。就连之前遮挡视线的广告板也消失了，现在可以看到街尽头的克里姆林宫。

著名的莫斯科地铁马雅可夫斯基站前的“凯旋广场”曾经是一个交通拥堵、四处停车的广场。现在这里禁止汽车通行，设置了舒适的秋千供人们消遣。

城市改造项目的一个重要部分就是新的道路标识指引系统。

清理步行道路上的停车、强制执行新规定显著改变了步行条件。改造前后的街景对比。

2016年，我们看到莫斯科有两项重要的改变：停车规则明晰地标示出来，并严格执行。此外，新近还设置了相当大规模的自行车道设施，包括自行车停车处和自行车专用信号灯。

回忆扬·盖尔

莫斯科市长S·索比亚宁（S. Sobyanin）谈及在“公共空间–公共生活”调研中与扬·盖尔和盖尔建筑师事务所合作的一封信件节选

2012年5月莫斯科市长S·索比亚宁与扬·盖尔会面。

在当前城市化发展的形势下，创造高质量的城市环境在全球城市中都具有至关重要的意义。舒适的社会空间不仅是社会可持续发展的源泉和必要条件，也是现在和未来几代人的根本福祉。

莫斯科市政府与盖尔建筑师事务所的合作是高效工作的范例，我们一起对城市空间的质量做出了革命性的改善，在规模和具体项目的实施内容上都达到了空前水平。

……

莫斯科市政府执行了多项复杂措施，包括制定汽车停车区域规定，界定汽车、自行车和行人空间范围，修复路面和人行道，安装小型建筑装置，改善街道照明，创建便利的城市道路指引系统，增种绿植，修整建筑立面，取缔过度和非法户外广告并严格监管各类标识牌摆放等。莫斯科街道中设立了步行区、自行车道和自行车停车处。

感谢你，亲爱的盖尔先生，如此全心投入到市民生活质量的改善中，并在为所有市民创造安全、健康、无障碍和舒适环境的工作中作出了如此大的贡献。这正是我们希望莫斯科拥有的面貌。

盖尔建筑师事务所的调研报告“莫斯科：打造伟大的人性化城市”在2013年夏天完成。经过翻译，立刻在莫斯科街头公布出来。

西澳大利亚珀斯，1994 年，2008 年，并在 2015 年重访

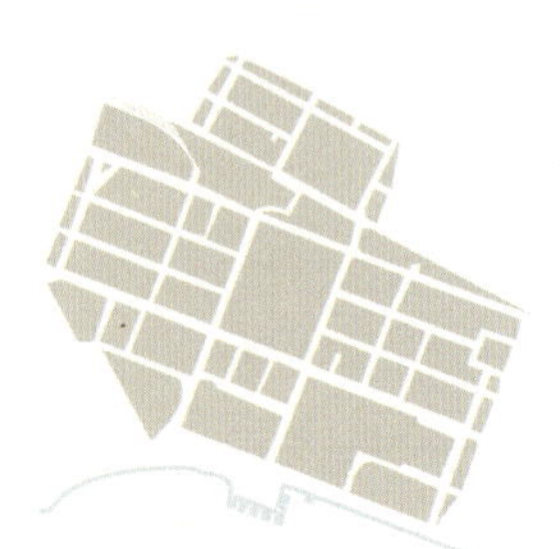

1993 年研究区域，珀斯市中心。
比例尺 1：50000

正如本书前面提到的，扬·盖尔在 1994 年实施的珀斯“公共空间－公共生活”调研给了该市政府一个“很有影响力的决策指导工具”。[62] 但是，当时给珀斯提出的很多人性化城市规划具体建议，对于市政府和州政府的实施来说政治难度太高（报告是由二级政府联合委派进行的）。规划的实现需要双方政府的共同支持。1993 年政府更迭，情况就进一步复杂化了。

若不是一个非政府机构“城市愿景”强烈呼吁，同时还有一些聪明的政治家也从旁确保 1994 年报告发布、引发公共讨论，那么珀斯研究的结果很可能就束之高阁了。报告广受关注，在公众中间产生了不小积极反响。看上去珀斯已经为更具人性化的城市理念变革做好了准备。政府接受了报告中的建议，在 1995 年开始实施。

2008 年扬·盖尔和盖尔建筑师事务所受邀回到珀斯，开展一次追踪调研。结果表明，1993 年调研后，市中心进行了一些人性化改造。市中心区域的汽车流量减少，城市绿色空间更多，对人更有吸引力了。但更重要的是，报告指出如果珀斯想摆脱“沉闷之城”的形象，还有许多事要做。

调研指出若干可以改进之处，其中包括：营造一个主要的公共空间，一个城市心脏，并且提升空间的混合使用。珀斯市中心当时仍然以商业和经营活动为主，功能较为单一。这限制了人们在夜晚和周末使用城市空间。周六的步行人数只是工作日的 62%，而在 15 年间，晚上的步行人数只增长了几个百分点，虽然居民数量也经历了增长。而且报告也表明儿童、青少年和老人对空间使用较少。除了报告外，扬·盖尔还在珀斯进行了若干次公共讲座，再加上媒体报道，为政府提供了足够的变革动力，而且为改造确定了方向。珀斯市的城市设计团队受到报告的激励，在后续 5 年内让城市面貌一新。

珀斯的故事仍有后续

2015 年 2 月，首次“公共空间－公共生活”调研将近 23 年后，扬·盖尔又回到

珀斯城市改造的一项主要成就是提升了市中心区域的居民数量：从 1991 年的 7800 人，增长到了 2015 年的 21000 人。通过精心规划，新建的很多高层建筑打破了原有相对沉闷的建筑视觉格局，而又没有破坏步行环境。

拓宽狭窄的人行道对于扩大核心城区的公共空间很有帮助，这能够吸引人们充分利用人行道进行各种活动。

了珀斯。我们与扬·盖尔以及几位参加了首次调研的“老兵”一起考察了城市中发生的变化。

扬·盖尔亲眼看到，由他带来的巨大灵感所激发，城市出现了巨大变化。我们与他一起感受这些变化，这是一种深刻、感人的体验。

有些变革非常有戏剧性，比如之前有条铁路把城市分成两半，而现在对铁道进行了下沉处理，这样城市的各部分、城市与河流就又连接起来了。另一些变化则更微妙，比如把很多单行街改成了双向街，此外全城都拓宽了人行道，为长椅、咖啡座和道旁树留下了空间。采取了双向街格局，街道交通速度减缓，全程的人行道拓宽——这些都让城市空间接近完整。甚至对于变革发生过程中就生活在这座城市的人来说，看到它现在如此生机勃勃的面貌也不免有些惊讶。

对于中央火车站旁主广场的改造尤其让人印象深刻。广场改造包括重新设计座椅，添加了一个小舞台和艺术品；此外，原先由此通往火车站的街道阻隔重重，而现在重新铺设了路面，整条通道都处于同层，便于行人步行经过。更重要的是，在广场中增设了喷泉，为城市增添了水景，呼应了珀斯“江城”的形象。

2015 年 9 月，当新建的伊丽莎白码头大规模开发项目完工时，珀斯的中心商业区与天鹅河之间的最后阻碍也打通了，二者终于重新连接起来。

城市改造的最显著象征就是市中心区的珀斯文化中心。这本来是一个相当黯淡的现代主义设计，若干孤立的文化建筑彼此不相关联，矗立在街巷的海洋之中。这个建筑群经过了彻底改造，已成为一个活力四射、生动有趣的场所。现在它是珀斯多个重要文化机构的总部（见第 xi 页图）。

珀斯全城原本以单向街居多，本意是承载更多、更快的汽车交通；经过改造，人行道路面拓宽，大部分街道都改成了双向街，这是一个相当大的成就。在改造初期，街道上设置了很多小标志，提醒人们注意这个新变化。市政府甚至还制作了一本小册子“双向街”，宣传改造带来的益处。其中一个明显的好处就是城市变得更加人性化。

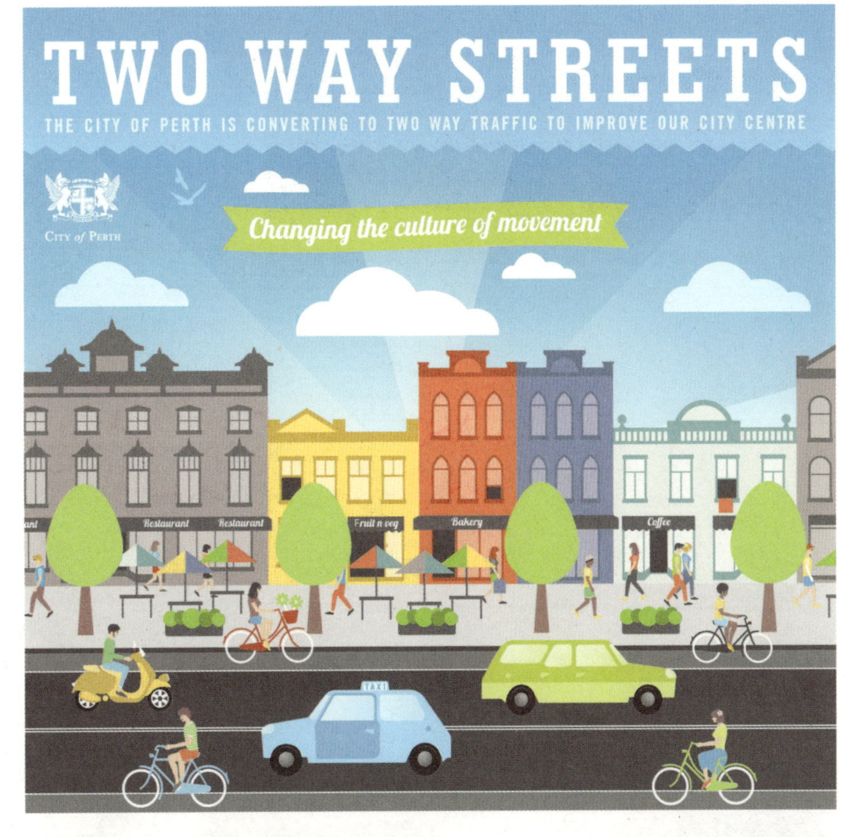

1993 年和 2015 年的莫雷街，现在是双向交通，人行道更宽，道旁树更多。

1990 年代，文化中心这片空间少人光顾，人们通常在这里只是匆匆路过。虽然这里是连接市中心南部和北部的主要通道，但大家都认为此地有点阴森吓人。

2004 年，都市改造局提出了“用创意、文化和才华将这个区域融为一体”的愿景。[63] 扬·盖尔虽然没有直接参与这项改造工程，但多年来一直鼓励当地政府更有创意、更大胆地看待这个区域，发现其潜力。与其他城市的案例一样，当地的政府和机构主

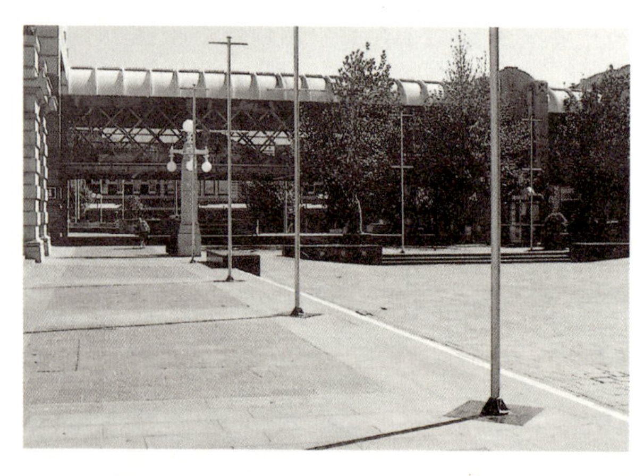

主广场“森林广场”原本是个挺悲惨的地方，大量过街桥引导行人往返于广场与火车站之间。2015 年，取消了过街桥，广场可以直达火车站，孩子们则在水景中玩耍享乐。

1993年，过街桥上张贴着横幅“城市欢迎你”，但城市与火车站之间的通道却是二层过街桥。2015年，过街桥已成历史，宽阔的步行道把火车站和城市连接起来。

持了改造项目的实施过程。

2014年，珀斯人口超过了200万，短短7年内就新增了40万人口。郊区新建筑不断涌现，而珀斯市中心的人口也从1991年的7600人增长到2015年的21000人。人们更想住在市中心区域，无疑是因为这里经过了更新改造（而且他们在此居住也帮助了改造过程）。这些转变很大程度上是扬·盖尔及其人性化城市设计思想激发产生的。珀斯的未来看上去前景无限。

从 1993 年的航拍照片可看出，市中心对它的主要景观区域天鹅河敬而远之。1994 年的“公共空间－公共生活”调研中最重要的一条建议就是让城市“走向河边”。（右边为 1994 年报告中的平面图。）

下图：海报展示了改造的方案。

下图：2015 年水畔实景。

一次神奇的复兴。两张照片从同一位置拍摄，季节和气候条件基本一致。

上图：1993 年一个平常工作日晚上 7 点钟的莫雷大街。

下图：2015 年一个平常工作日晚上 7 点钟的莫雷大街。

1993 年与扬·盖尔在珀斯共事

B·W·古什（Brett Wood Gush），洞察城市（Insight Urbanism）公司总监

我没听错吧？我的上司真是在跟他的上司说，扬·盖尔教授要在珀斯市做研究？1992 年扬·盖尔教授在澳大利亚并不知名，而且他住在地球的另一边。不过，1985 年在珀斯召开的一次建筑学研讨会上，他的发言就让我们大吃一惊了。听完他的发言，我马上读了他的《交往与空间》，这本书改变了我思考建筑和城市的方式。

我没听错。接下来没过几天，消息就得到了确认：政府聘请扬·盖尔在珀斯市中心进行公共空间研究。

又过了不到两个月，我已经坐在扬·盖尔本人旁边，成为首次"公共空间－公共生活"调研的项目官员。我在跟心目中的英雄共事，而且珀斯市政府还为此付给我钱！扬·盖尔极具个人魅力，大家都倾倒于他的活力和激情。在几个星期内我们组建了团队，调研了城市。我们评估建成环境的质量，调研了从清晨到深夜的城市生活。在专注研究的间隙，我们有时会与几个关系密切的同事一起逛遍全城；另一些时候则会与对项目成败有绝对话语权的领导人和决策者碰面。

扬·盖尔返回哥本哈根后，我帮助他汇总形成了"公共生活－公共空间"调研报告的初稿。此后各稿修订中，每个步骤都方向明确、立意高远，扬·盖尔报告的力量充分表露出来。报告分析了人们步行的方式和对城市使用的模式，科学家和工程师会对其表述风格感到满意；它考察了生意人、住户和学生们的活动，这些部分会让社会学家和经济学家喜欢；它还讨论了场所设计，这会让建筑师和景观设计师参与回应；它把城市看作是一个人性之地、文化之地、创意之地、包容之地，这则会让人道主义者乐见。最重要的是，报告向我们讲的是我们关切的事：我们的城市和我们的社区。这是一份简要的报告，但又处理了高度复杂的问题；所以它此后一直在我们脑海中、行动中起着作用。

扬·盖尔的"公共生活－公共空间"调研对多个改造项目产生了巨大影响。他鼓励我们让珀斯市和天鹅河重新相连。二十多年后，这个想法终于实现了，城市恢复了自己的传统格局。与此相比不那么明显，但同样重要的是他对保护和营造街景的影响，他倡议开设露天咖啡馆，让城市的街巷重现活力，这些都在珀斯体现了效果。他的调研为人行道拓宽工程提供了依据和支持，打破了龟裂的沥青路面在城市中的主宰地位，也为路边座位、树木以及各种街道生活留出了空间。

到2010年珀斯朝着更好城市的方向做了大量设计规划，但城市还是没有完全走出现代主义式规划思路，没有放弃对人们使用城市方式的过度管控。无论是年轻人、还是老年人，都管珀斯叫“沉闷之城”。他们羡慕墨尔本的成功，该市通过与扬·盖尔的合作，让城市不仅变得更吸引人，而且更富有活力了。最后，珀斯也放松了管控；让各种迷你酒吧、咖啡馆和节庆活动在城市里不断涌现。

扬·盖尔曾多次回到珀斯，应邀前来进行追踪调研，同时也把他的激情传递给新的城市领导和项目参与者。

25年来，我把扬·盖尔不仅当成导师和朋友，更视为灵感激励的来源。我在数不清的研讨班中介绍过他的方法论，希望像他启发我一样，也能启发其他的人。但是他的很多最佳教导无法通过会议讲座来分享。他乐于与任何人面对面分享知识，倾听别人的见解，找到双方的共同立场，发现一个城市独有的特色，并如同量体裁衣一样为这个城市定制方案。最重要的是，他的理念始终如一。他从来不按照时髦观点调整看法，而是一直瞄准永恒不变的宜居性准则。

盖尔建筑师事务所已经与全球250个城市共事过，现在轮到我们了（图底落款：澳大利亚卧龙岗市）。

在日本城市中培育公共生活

北原理雄，日本千叶大学荣休教授

我通过《交往与空间》一书首次结识了扬·盖尔。

1980年代，日本城市经历了大发展，当地的公共空间在物理上相当完备。但不幸的是，大多数城市都缺乏生气。虽然街道上人很多，但是他们只是从一处走往另一处。怎样才能充分利用公共空间？正当这时，我读到了那本书。

通过大量生动的案例，扬·盖尔清晰地解释了公共空间与公共生活之间的关系。从他那里，我学到了如何激活我们公共空间中的公共生活。

在那个年代，日本法律对街道的使用方式有严格规定和限制。1997年，我与扬·盖尔合作，以实验方式展示了公共生活是如何给街道带来活力的。扬·盖尔在名古屋市中心营造了一个丹麦风格的“哥本哈根广场”，其中还包括露天咖啡店。在广场边，日本师生们设计出传统零售商亭的当代版本。虽然这些都是小规模、临时项目，但它们给民众留下了深刻印象，让大家意识到，街道生活对于城市的生活质量至关重要。

下一步，我在2000年把一个公共生活项目引进到我的大学所在的城市千叶。这是一组“阳伞美术馆”，设置在主要街道的人行道上，民众可以在其中展示自己的手工艺品、绘画作品，也可以演奏音乐。这个活动吸引了大量参观者，已经成为每年秋天由志愿者组织的定期活动。

最近20年来，日本政府大幅调整了它的公共空间政策，制定了新的管理方针，鼓励各类活动使用公共空间。在日本的城市中，公共生活正在许多公共空间中茁壮成长。

千叶市的“阳伞美术馆”，这是若干旨在提升日本城市公共生活的项目中的一个。

1997年，扬·盖尔和来自哥本哈根建筑学院城市设计系的一组学生应邀来到日本开展一个项目，展示如何通过公共生活来给名古屋的一个区域带来活力。团队打造了一个“丹麦广场”空间，包括全套咖啡馆家具、嘉士伯阳伞，还有从哥本哈根带来的长椅和城市自行车。项目为期一周，每到黄昏，都会组织街道娱乐活动。这个项目非常成功——也许部分是因为嘉士伯赞助的免费（哥本哈根）啤酒。

A&B Architektura & Biznes
Jan GEHL
w Krakowie
SPOTKANIE
21-X-2014
nowohuckie
centrum
kultury

7

继续向前

第 7 章　继续向前

为了让文化变革过程得以发生，盖尔哲学不应被当成一种偶尔为之的事后思考，而是应该视其为城市空间整体决策中持久的参照点。[64]

——M·罗宾逊，2004 年

21 世纪中，全球很多城市都着手提升其步行道路设施以及公共空间的质量。其中的一些变革从属于对可持续发展和减少城市之环境足迹的广泛关注。出于必然的需求，城市规划界也开始越来越关注居民健康，并留意规划与交通政策给公共健康带来的影响。

人们使用城市的方式发生了改变，尤其是，在全球范围内我们都能看到汽车使用的减少趋势，对可步行、可骑行、公交导向的社区的需求则在不断增长。[65] 最近 20 年来，城市规划的变革产生了回报：高密度、多元化、可步行的城市能提供更多聚会地点，因而营造了知识经济不可或缺的创意互动空间；这样的城市受到求职者欢迎，给工作者创造了机会。公共空间、咖啡馆以及其他"第三空间"[66] 促成人们会面，因此成为城市本身的一项竞争优势。

扬·盖尔花费了五十多年时间，致力于把对"人"的关注带回到建筑学词典和城市设计议程中。扬·盖尔的很大一部分研究，都关注了随生活方式及人口特征变化而产生的公共空间使用变革，强调了建筑形式与居民健康之间的关系，阐明了提升城市空间人体舒适度和质量对经济指标的促进。扬·盖尔说："在这些年间，我们见证了一个转变，以往年代的人们考虑城市空间用途时不太关注其质量，而在当前的新形势下，质量则是一个关键指标。从前，无论城市街道和广场的情况如何，居民还是不得不凑合使用。"[67]

扬·盖尔与他的同事拉尔斯·吉姆松、S·基尔克卢斯与 B·森诺高一起提出了这样的问题："在 21 世纪，公共场所的目的作用是什么？今天，在公共场所中的生活能给我们提供怎样的意义和功用？人们对城市空间的期待发生了何种改变？"[68]

扬·盖尔的城市空间方法论一贯倡导"步行经济"。与以往的几十年相比，今天的人们移动性更强，更多借助间接方式进行交流。而且，正如扬·盖尔和其同事观察到的那样，"在很多情况下，人们的日常生活越来越私人化，公共空间和公共生活的角色需要重新定义。在这些地方，与别人相聚已经不再是日常生活不言而喻的一部分。"[69] 当前，可步行性与知识经济的高效产出联系在一起。虽然技术不断变革，人口特征也发生了变化，但创意与知识的传递很大程度上仍需要通过面对面的直接交流进行。步行，以及由此产生的活跃的公共生活，不仅能强有力地提升城市经济竞争力，而且还给居民健康带来了极大益处，这一点已经得到了人们的重新发现与认可。人们赞颂可步行区域，既因为其增添了生活乐趣，更因为其对宜居性、可持续发展以及居民健康作出了贡献。在这个时期，具有人性关注的城市设计也经历了爆发式的增长（详见下页表）。全球城市中建筑设计与城市规划向人性化方法论的范式转变，促生了越来越多的出版物、机构和研讨会议关注公共空间、步行、骑行以及城市的人性化使用等论题。当前城市设计方面的多个前沿运动，包括场所营造（place making）及策略性城市主义（tactical urbanism）等，正是这种范式转变的体现。在城市设计理论中，一种日益流行的方式是，首先跟设计思路在公共空间中做一些临时性的搭建，观察人们对空间的实际使用情况，以此来验证设计理念，然后再形成永久性的空间变化。

扬·盖尔关于“为人而不是为车流规划城市”的理念影响甚广，我们认为，其中最鲜明的案例还是珀斯。本书的叙事始于珀斯

波兰卢布林市，2015 年“扬·盖尔年”

2015 年被命名为波兰卢布林市的“扬·盖尔年”。当地的多家机构、大学、NGO 组织以及市政当局联合起来，推动城市规划的人性化。2015 年 10 月，为了表达对这一事业的良好祝愿，扬·盖尔访问了该市；当地开展的很多项目给他留下了深刻印象。他骑着“扬·盖尔城市自行车”兜风，并对众多支持者发表了热情洋溢的讲话，这些都是此次令人难忘的访问中的精彩环节。

人性化城市设计发展大事记

1960年代以前

1944年
何塞・路易斯・塞尔特
《城市规划中的人性化尺度》

1956年
第一届哈佛城市设计会议

1956年
十次小组（Team 10）成立

1957年
宾夕法尼亚大学城市设计专业

1958年
W・H・怀特
《爆炸的都市》

1959年
Edward T.Hall
《沉默的语言》

1959年
国际现代建筑协会（CIAM）解散

1960年代

对现代主义的反动
社会动荡
人权、环境保护运动

1960年
环境–行为学研究
凯文・林奇
《城市意象》

1960年
哈佛大学研究生院设计与城市设计专业

1961年
简・雅各布斯
《美国大城市的死与生》

1961年
戈登・卡伦
《简明城镇景观学》
加利福尼亚大学伯克利分校，P・博塞尔曼进行了居民对新建筑项目观感的环境模拟

1964年
D・阿普尔亚德、凯文・林奇与J・R・迈克
《道路上的景色》

1966年
E・T・霍尔
《隐藏的维度》

1969年
罗伯特・萨默
《个人空间》

1970年代

石油禁运
日益增长的环境关注

1970年
W・H・怀特
“街道生活研究”项目

1971年
扬・盖尔（1987年英译）
《交往与空间》

1972年
牛津布鲁克斯大学城市设计联合中心

1975年
公共空间计划（PPS）

1975年
C・C・马库斯*
《复活节山村》

1977年
A・拉普卜特
《城市形式的人性方面》

1977年
克里斯托弗・亚历山大等
《建筑模式语言》

1978年
城市设计集团

1980年代

1980年
W・H・怀特
《小型城市空间中的社会生活》

1981年
凯文・林奇
《优秀城市形式的理论》

1981年
D・阿普尔亚德
《宜居街道》

1982年
J・巴尼特
《城市设计导论》

1985年
艾伦・雅各布斯
《观看城市》

1986年
C・C・马库斯与W・萨尔基西安
《以人为本的住宅》

1987年
克里斯托弗・亚历山大等
《城市设计新理论》

1988年
W・H・怀特
《城市：重新发现中心》

---

*该作者在1975年出版本书时名为Clare C. Cooper，婚后改姓为Clare Cooper Marcus。为保持一致，本书中始终统一译为C・C・马库斯。

1990年代	2000年代	2010年代	2010年代

1993年
新城市主义大会
创立场所营造理论

1993年
艾伦·雅各布斯
《伟大的街道》

1993年，1998年（第二版）
C·C·马库斯与C·弗朗西斯
《人性场所》*[1]

1996年
扬·盖尔和拉尔斯·吉姆松
哥本哈根，“公共空间–公共生活” 项目

1998年
P·博塞尔曼
《场所的表征》

2000年
步行21（Walk21）国际步行大会创办

2000年
“公共空间计划”（PPS）
《如何扭转一个空间》

2000年
扬·盖尔和拉尔斯·吉姆松
《新城市空间》*[2]

城市设计开始关注居民健康（积极运动）

各地开始举办关于“宜居城市”的论坛及全球评选

2003年
马修·卡尔莫纳、蒂姆·希思·塔纳与史蒂夫·蒂耶斯德尔
《公共场所城市空间——城市设计的维度》

2006年
扬·盖尔
《新城市生活》

2006年
国际步行宪章

2010年
扬·盖尔
《人性化的城市》*[3]

2010年
戈德史密斯与伊丽莎白编
《我们看到的：推进简·雅各布斯的考察》

2013年、2014年和2015年
“场所的未来”系列会议

2012年
汉斯·卡尔塞伯格等编
《视平线上的城市》

2013年
扬·盖尔，比吉特·斯娃若
《公共生活研究方法》*[4]

2013年
里德·尤因与奥托·克莱门特
《衡量城市设计：宜居场所的指标》

2013年
美国“全国城市交通官员协会”编
《城市街道设计指南》——一本倡导街道同时为行人与车辆服务的设计指南

2013年
维克多·多弗与约翰·马森盖尔
《街道设计：伟大城市与城镇的秘密》

2013年
查尔斯·蒙哥马利
《幸福城市：通过城市设计改变我们的生活》

2013年
杰夫·斯佩克
《适宜步行的城市——营造充满活力的市中心拯救美国》

2014年
第一个“场所营造”硕士学位（普拉特学院的“城市场所营造与管理”硕士学位）

2015年
奈特基金会“城市挑战”项目

2015年
联合国通过“可持续发展目标”，其中为城市与公共空间专门设定了一项目标

策略性城市主义运动兴起

2015年
米卡·莱登与安东尼·加西美亚
《策略性城市主义：短期行动与长期变革》

2016年
联合国第三届世界人居大会

2016年
安妮·麦坦与彼得·纽曼
《扬·盖尔传》

---

*[1]2001年中国建筑工业出版社出中译本

*[2]2003年中国建筑工业出版社出中译本

*[3]2010年中国建筑工业出版社出中译本

*[4]2016年中国建筑工业出版社出中译本

令人失望的现代主义规划。在扬·盖尔第一次对该市进行调研之后的23年里，基于他的规划理念，城市的面貌得到了显著改观。2016年，两位珀斯建筑师发表了一篇报刊文章，回顾了这一时期城市从“无聊之城”到迷人都市的转变，指出有三个人对此居功至伟，扬·盖尔即是其中之一。在原本现代主义规划产生的“巨石”上，扬·盖尔刻画出了妙趣横生的面貌。

那么，扬·盖尔的哪些关键理念可以指引我们继续向前？

扬·盖尔的主要目标是“把人带到台前”，换言之使人获得关注，强调以人为本的活生生的公共空间之重要性，并在人与交通工具之间营造平衡。对于城市设计者、其他城市专业工作者及政治家而言，人性化城市应该在其关注清单中位列榜首。

如何实现？扬·盖尔的哲学是积极地、系统地宣扬上述目标——始终如一就是他的要诀。仔细观察城市，搜集人们使用城市方式的数据，然后让尽可能多的人参与进来，这样才能让城市朝着“提供高质量公共空间、改善居民日常生活”的方向不断前进。这既是一个专业化的设计实践过程，同时也是一个政治实践过程，所以沟通必然是个核心要素。对于扬·盖尔的成功来说，他的沟通之道极其关键。虽然他想传达的目标始终如一，但他力求每一次的表达都新鲜动人，“每次都全心投入，就像演员一样。”

扬·盖尔方法论的核心在于他对“服务于人性”和“服务于城市”理论的发展。他将量化衡量的评估系统与定性分析的艺术结合在一起，并具备将城市设计转化为政治推动力的天赋，由此为渴求更好城市生活的人们带来了希望，这些是扬·盖尔理念得以成功推行的关键因素。

除此之外，他的成功还有秘诀吗？虽然扬·盖尔在全球开展工作，但他本人却一直植根于故里。他们一家人生活亲密，而他在邻里中间也积极活跃，对待生活的态度始终如一。他说：“我一直都是‘贴地飞行’；一直都属于平凡生活中的一分子。”他的理论以及城市设计哲学对此有充分反映——学理总是服务于普通民众，关注着他们的日常行为，关注着城市的基层面貌。

设计师要营造对人性亲和的建筑与城市，要实际观察、倾听、学习普通民众对城市空间的日常运用——这个简单公式就是造就扬·盖尔成功的秘诀。它不仅属于扬·盖尔的作品，也是其生活与个性的一部分。

必须强调的是，扬·盖尔并不反对汽车，他只是倡导人性。正如哥本哈根案例体现的一样，为了让城市能符合人性需求，扬·盖尔大胆地提议逐步减少停车场面积，降低交通速度，强化公共交通和自行车交通。这中间存在一个非常微妙复杂的平衡，但是扬·盖尔让我们看到，城市在推进这种平衡时达到的成就，而且他还指出，未来发展目标就是，最终为汽车保留下来的空间恰恰是人性城市必需的那种空间。

城市设计者搜集数据资料，确保按民众需求来设计城市，并且通过数据资料来揭示城市系统中的不平衡之处，从而让设计方案成为改造城市的政治进程的盟军——这种做法是完全可行的。扬·盖尔指出，在他工作的诸多城市中，绝大多数物理变革都并非他自己实现的。他更多的是提供建议、愿景、方向以及——这是其中最重要的——工具，其中包括对现存城市生活的量化、定性信息收集，也包括用以理解信息意义的理论。以上贡献让城市设计师、规划师、政治家和其他人员能够给物理环境带来必需的变革，以满足当地民众的实际需求。

也许扬·盖尔（以及他在建筑学院和盖

1　盖尔建筑师事务所的“公司专属骑行头盔”，2006年

2　纽约的公园日，PPS项目营造出绝妙的“一日公园”，2013年

3　布鲁塞尔首都大区负责规划的部长Pascal Smet展示他的“扬·盖尔会议室”

4　盖尔建筑师事务所工作的人都希望行进在快车道年

5　威尼斯建筑双年展上的条幅海报，2012年

6　捷克的粉丝俱乐部宣传《人性化的城市》年

7　《交往与空间》孟加拉版问世，2008年

8　海报，美国路易斯安那州威尼斯，2012年

9　何人可教授和海报，湖南大学，中国，1998年

10　海报，努克市，格陵兰，2010年

11　海报，蒙得维的亚，乌拉圭，2015年

12　准备就绪，传播理念——现在有了哈萨克语版本，2016年

剪贴簿

1
2
3
4
GEHL ARCHITECTS
URBAN QUALITY CONSULTANTS
5
LOUISIANA c/o VENICE
LIFE BETWEEN BUILDINGS
GEHL ARCHITECTS
6
vaše CITY!
7
8
LOUISIANA c/o VENICE
LIFE BETWEEN BUILDINGS
GEHL ARCHITECTS
Jan Gehl in conversation with Olafur Eliasson
Followed by brunch
9
10
Byer for mennesker
11
Jan Gehl
12

盖尔建筑师事务所中的同仁们）最重要的角色，“就在于对一整套量化方法的推进和实现，正是凭借这套量化方法，城市设计师可以研究人与建成环境之间的交互关系，并让公众认识到这些以人为本的研究在城市设计规划的政治过程中的重要性。”[70]

公共活动的研究数据，再加上扬·盖尔杰出的沟通技巧，帮助各地的规划决策者给城市带来了生命活力。扬·盖尔能够清晰地阐明，哪些决策才能令城市走上坦途、迎接更好的未来。他并不只是在描述城市，而是将城市设计当作一种政治力量来运用，从而改变了人们对城市的认知。他不畏于挑战各种塑造城市的政治力量，推动城市做出变革，遏制了基于汽车交通的主流规划开发理念；扬·盖尔这些杰出能力，正是所有城市都急需的。

进而言之，我们必须谈到希望的力量。很多普通而孤立的民众从直觉上感到城市有什么地方不对劲，但未必形成清晰的理解和自如的表达；扬·盖尔推行的方法记录这些人的意见，让他们发出自己的声音，由此给他们带来了希望。他常常参照其他地域的（通常是小规模的）成功案例，让符合平凡常识的解决方案逐步浮现出来。

下一步做什么？

“在五十多年无视人性化维度之后，21世纪初，我们终于感受到了重建人性化的城市的迫切需求与意愿。”[71]扬·盖尔，2010年说。

在其职业生涯中，扬·盖尔投入了大量精力为民众改善建筑与公共空间。他奋力拼搏，为的是确立理念，创造一种能让城市不断改进的设计实践，并且通过很多优美的论著将此呈现给读者，如同戏剧一般。

向前展望，我们应该如何继续创造人性城市呢？实践证明，扬·盖尔的方法具有极强的效力，但是在下一代城市设计师、规划师和建筑师的面前，还有不少挑战需要应对。

亚洲、非洲、南美洲仍将经历巨大的城市发展，如何提升这些地方的“人性化的城市”质量？他们能不能从扬·盖尔的成就中学到东西，不再重复我们先前的错误？

全球有很多城市亲身见证了现代主义规划的失败，至今仍不得不与其恶果共存。毕竟我们没法拆掉一切，而且还有很多地方，城市的规划仍以汽车交通为优先，尊崇着现代主义的规划原则。扬·盖尔的工作表明，能够给原本沉闷、无生命的场所带来生机。我们以自己的经验为此见证。例如，扬·盖尔曾经将小尺度、人性化的元素引入到珀斯文化中心的建筑中，让空间得到了“软化”，或者用扬·盖尔自己的话说“让人性尺度乘降落伞着陆”——这就是一个明证。经过这样的调整，从前尺度失衡、不欢迎人们活动的空间能够重新吸引人们停留。但问题在于：我们如何把这种做法带到很多城市那种巨型纸盒一般毫无风格可言的郊区景观中，并为它们营造出人性化场所呢？很多城市的郊区面积巨大，交通依赖汽车，而毫无灵气的购物中心则四处扩张。下一代建筑师与城市设计师需要找到让这些场所重生的办法，要在这些市郊地带建造出小规模的城市，让人口与社会活动在若干区域集中，并在规划和交通设计中强调可通行性，而不是主要依靠占用大量空间的汽车交通。这样的中心区域将以周到、恰当的方式承载城市中日益增长的人口，并且创造出生机盎然、活力四射的公共空间。

上述任务貌似极其艰巨，但是对于扬·盖尔来说，这跟他1960年代起步工作时面临的问题有点相像。当时，几乎没有城市考虑过如何在公共空间中重振公共生活。而扬·盖尔解决问题的方式则是步步为营。

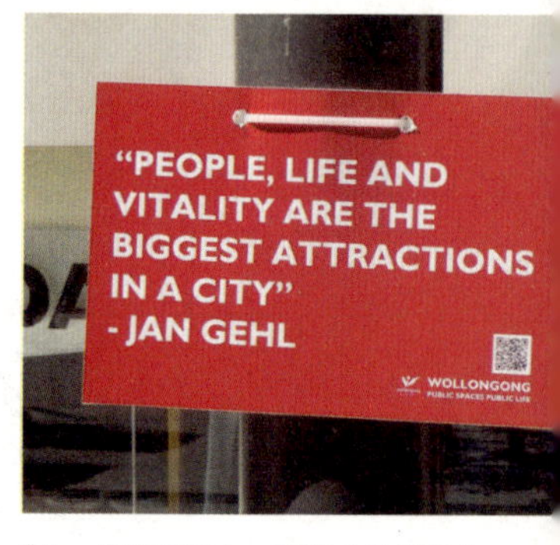

“人、生活与活力，这些才是城市中最迷人之处。”

——扬·盖尔

他用自己整个的职业生涯研究公共生活，考察城市中的人们使用公共区域的方式，并基于这样的知识实施改造，让城市每天都能比前一天更好一点。虽然不乏挑战，但这也应该成为我们下一步的目标。重要的是，正如扬·盖尔所说："我从来没有失去过希望。"

总结

扬·盖尔的成就在于他给我们带来了希望。每个城市都存在着把人们挤出公共空间的交通问题。每个城市都应该创造更多基于人性设计的公共空间。为了让城市始终能够看到最优方案、实现最优方案，每个城市都需要有敬业的技术专家与高明的政治家默契合作。扬·盖尔向我们显示如何在全球各地的不同城市实现这样的目标。而项目的成果则极受欢迎。扬·盖尔说："一个好的城市就像是一次好的晚会。人们在此停留的时间比原本必要的还长，因为他们感到快乐。"

作为建筑师、城市设计师和规划师，我们肩负着为民众创造城市的巨大责任，要让他们在其中过上健康、可持续、高产、积极的生活。扬·盖尔告诉我们，每天我们都应该自问："你想用自己的生命做些什么？"

2016 年，扬·盖尔在莫斯科，温柔地给勒·柯布西耶纠正错误。

2016 年摄于罗马尼亚的阿尔巴尤利亚市政厅。墙上的文字："一个好的城市就像是一次好的晚会。人们在此停留的时间比原本必要的还长，因为他们感到快乐。——扬·盖尔"

扬·盖尔理念的全球接受

T·尼尔森（Tom Nielsen），丹麦奥胡斯建筑学院城市与景观规划教授

奥胡斯 1995 年：1990 年代初，当我还是学生时，扬·盖尔及其理念在丹麦的奥胡斯建筑学院并非热门话题。那时互联网还不普及，我们知识的主要来源是老师的建议、访问讲师的指导，以及那个小小图书馆里的杂志和书籍。我的老师们当时正在深入扩展 1980 年代开始的关于美学与形式的讨论。所有影响卓著的后结构主义建筑师基本上都曾到访我们学院，他们向我们展示如何把有趣的建筑片段塞进城市里。

这当然不错……但是与城市使用者的视角可完全不沾边。

但是正是那个时候：好几位明星学者受邀进行了关于汽车的系列讲座，最后一讲，组织者 Svein Tønsager 非常明智地请扬·盖尔进行汽车与城市的演讲。我在图书馆里草草翻阅了《交往与空间》，然后赶过去听演讲。学院里最大的一个礼堂几乎空空荡荡。算上扬·盖尔和组织者，一共大概有 5 个人。虽然听众兴趣不高，但是扬·盖尔的演讲绝对出色。

快进到 2008 年的悉尼：2008 年我跟扬·盖尔一起来到悉尼，在此我参与了盖尔建筑师事务所一个重要的城市改造项目。很难不把眼前的情形与我初次见他的经历进行对照。扬·盖尔讲的基本上还是十年前他在奥胡斯说的那些事情，但是现在已经有了大量案例做支撑，这些案例体现了他的理念所具备的改造现实的力量。这次的听众不仅有学生，还有来自悉尼全市的居民。演讲题目是“悉尼的未来”，1000 名悉尼民众到场，大家不得不在大厅中想尽办法找个立足之地，有的站到了走廊里，有的几乎挂在了吊灯上。扬·盖尔演讲的效果则是震撼全场。

2015 年 10 月，回到奥胡斯：我参与了关于奥胡斯新的交通方案的公共辩论。扬·盖尔本人并不在场，但是市政当局推出的方案与策略渗透着他的理念。整晚的辩论多次提到了扬·盖尔和他的作品。

从前，他曾对着空旷的礼堂讨论汽车与人的关系，而 20 年后，他甚至不用出场，就能够恰恰在同一主题上影响这个城市的未来。

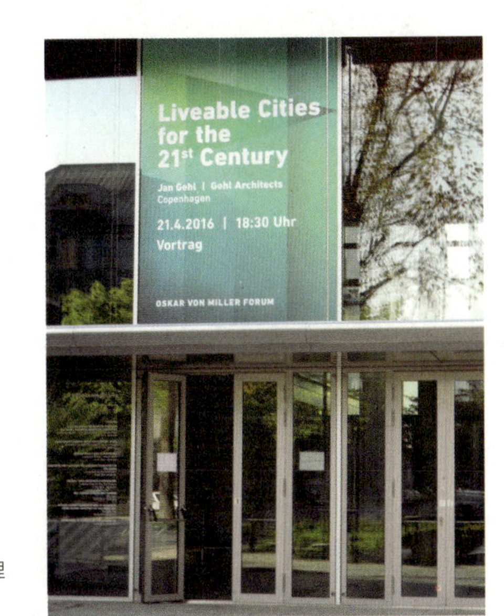

2016 年德国慕尼黑，理念仍需传播。

HOW TO STUDY PUBLIC LIFE
Jan Gehl & Birgitte Svarre
LEVEN TUSSEN HUIZEN
CUỘC SỐNG GIỮA NHỮNG CÔNG TRÌNH KIẾN TRÚC
Sử dụng không gian công cộng
арналған қалалар
사람을 위한 도시
Jan Gehl
NEW CITY LIFE
Vita in città
PUBLIC SPACES PUBLIC LIFE
公共空间・公共生活
La humanización del ESPACIO URBANO
ŽIVOT MEZI BUDOVAMI
Jan Gehl
Az élhető város
Cities for People
LIFE BETWEEN BUILDINGS
Using Public Space
Livet mellem husene
Linnad inimestele
Jan Gehl
Jan Gehl Cities for people
Η ΖΩΗ ΑΝΑΜΕΣΑ ΣΤΑ ΚΤΗΡΙΑ
nye byrum
Jan Gehl & Lars Gemzøe
livet mellem husene
DET NYE BYLIV
JAN GEHL & BIRGITTE SVARRE
Life Between Buildings

小传
获奖与荣誉
参考文献
插图说明
注释

小传

个人生平

1936 年	9 月 17 日生于丹麦伦讷
1961 年	与英格丽德·盖尔（婚前姓蒙特）结婚
	1963—1972 年　环境心理学家
	1973—2010 年　儿童心理学家及咨询师
1962 年	女儿凯伦·朱莉·盖尔出生（2016 年为癌症研究领域资深医生）
1966 年	女儿安妮·托拉·盖尔出生（2016 年为国际媒体公司，服务支持团队主任）
1968 年	儿子雅克布·盖尔出生（2016 年为 Blue Solutions 公司经济学家，IT 咨询师，总监）

职业简历

1951—1954 年	哥本哈根，圣约尔根文法高中
1954—1960 年	哥本哈根，丹麦皇家艺术学院建筑学院
1960 年	毕业并成为建筑师
1959 年	前往格陵兰，进行旧定居点建筑测绘（丹麦国家博物馆项目）
1963 年	前往希腊德尔斐，进行神庙的测绘和建筑考古学研究（雅典法国考古研究所项目）
1965 年	在意大利和希腊研究公共空间（新嘉士伯基金罗马奖学金资助）
1959—1961 年	在 Viggo Møller Jensen 与 Tyge Arnfred 建筑师事务所工作
1961—1964 年	在 Inger 与 Johannes Exner 夫妇建筑师事务所工作
1964—1990 年	自己开业，在丹麦 Sejerø、Sjællands Odde、Sørbymagle、Ølstykke、Anisse、Skævinge、Snostrup、Gørløse 和 Værslev 进行中世纪乡村教堂修复
1966—2006 年	在丹麦皇家艺术学院建筑学院任教
1966—1971 年	研究学者
1971—2003 年	高级讲师
1976—1999 年	城市设计系主任
2003—2006 年	公共空间研究中心主任，教授
2000—2011 年	盖尔建筑师事务所创始人、总监（与赫勒·绍霍尔特合作）
2011 年	盖尔建筑师事务所资深顾问

客座教授

1972—1973 年　加拿大多伦多大学
1976 年　澳大利亚墨尔本大学
1977 年　加拿大滑铁卢大学
1978 年　西澳大利亚大学
1978 年　澳大利亚墨尔本大学
1978 年　皇家墨尔本理工大学
1978 年　挪威奥斯陆建筑学院
1983 年　美国加利福尼亚大学伯克利分校
1983 年　墨西哥瓜达拉哈拉大学
1986 年　民主德国德累斯顿工业大学
1987 年　波兰弗罗茨瓦夫大学
1990 年　加拿大卡尔加里大学
1991 年　比利时根特大学
1999 年　哥斯达黎加圣何塞，哥斯达黎加大学
1999 年　立陶宛维尔纽斯理工大学
2000 年　南非开普敦大学
2000 年　印度尼西亚日惹国立大学
2000 年　美国克利夫兰凯斯西储大学
2003 年　哥斯达黎加圣何塞，哥斯达黎加大学

1988 年后扬·盖尔主持的重要城市改造工程

1988 年　挪威奥斯陆
1988 年　丹麦欧登塞
1990 年　瑞典斯德哥尔摩
1994 年　西澳大利亚珀斯
1994 年　澳大利亚墨尔本
1996 年　丹麦哥本哈根
1998 年　苏格兰爱丁堡
1999 年　苏格兰阿伯丁

2000 年后扬·盖尔担任项目协调人的重要城市改造工程

2001 年　丹麦德拉门
2001 年　拉脱维亚里加
2002 年　澳大利亚阿德莱德
2002 年　丹麦瓦埃勒
2004 年　新西兰惠灵顿
2004 年　瑞士苏黎世
2004 年　英国伦敦
2004 年　澳大利亚墨尔本
2005 年　南非开普敦
2006 年　丹麦哥本哈根
2007 年　荷兰鹿特丹
2008 年　西澳大利亚珀斯
2007 年　澳大利亚悉尼
2009 年　美国纽约
2009 年　澳大利亚霍巴特
2013 年　俄罗斯莫斯科

获奖与荣誉

授勋

1967 年　意大利共和国公众贡献荣誉骑士

1967 年　意大利文化与艺术院美德铜质勋章

2011 年　瑞典尤根亲王杰出艺术贡献勋章

荣誉学位

1992 年　爱丁堡赫瑞·瓦特大学荣誉博士

2015 年　多伦多大学荣誉博士

2016 年　哈利法克斯戴尔豪斯大学荣誉博士

荣誉会员

2007 年　英国皇家建筑学会国际会员

2008 年　美国建筑师学会荣誉会员

2009 年　加拿大皇家建筑学会荣誉会员

2010 年　澳大利亚规划学会荣誉会员

2012 年　丹麦建筑师学会荣誉会员

2012 年　苏格兰皇家建筑师学会荣誉会员

2014 年　爱尔兰规划学会荣誉会员

个人展

2008 年　第 11 届意大利威尼斯建筑双年展

2012 年　丹麦路易斯安那现代艺术博物馆

2012 年　第 13 届意大利威尼斯建筑双年展

2016 年　第 15 届意大利威尼斯建筑双年展

国内与国际奖项

1993 年　国际建筑师联合会 Patrick Abercrombie 爵士奖——表彰城市规划和土地开发领域杰出贡献

1996 年　环境设计研究协会（EDRA）场所研究奖（表彰“公共空间－公共生活”）

2000 年　丹麦铺路者协会奖

1999 年　瑞典 Dalicarlika 公共空间规划奖

2003 年　澳大利亚规划奖（与阿德莱德市同获）

2005 年　澳大利亚城市设计奖（与墨尔本市同获）

2006 年　环境设计研究协会（EDRA）场所研究奖（与墨尔本市同获）

2007 年　丹麦皇家艺术学院 N.L.Høyen 奖章，表彰艺术教研贡献

2009 年　纽约市政府奖，表彰街景与公共空间改造的杰出贡献

2009 年　丹麦政府终身奖金，表彰艺术与文化杰出贡献

2010 年　丹麦建筑师学会“小阿尔恩奖”

2011 年　环境设计研究协会（EDRA）图书奖（表彰“人性化的城市”）

2012 年　丹麦建筑师学会荣誉奖章

2013 年　丹麦皇家艺术学院 C.F.Hansen 奖章

2015 年　巴黎建筑与遗产城博物馆全球可持续建筑奖

2015 年　芒福德奖，国际宜居城市

2016 年　费城美国建筑师学会 Edmund N. Bacon 奖

2016 年　德国曼海姆市 Bertha 与 Carl Benz 奖

参考文献

Mennesker i byer (People in Cities), 1966, with I. Gehl, published in *Arkitekten* 21/ 1966: 425-443. Language: Danish

Torve og Pladser (Urban Squares), 1966, with I. Gehl, published in *Arkitekten* 16/ 1966: 317-329. Language: Danish

Fire italienske torve (Four Italian squares), 1966, with I. Gehl, published in *Arkitekten* 23/ 1966: 474-485. Language: Danish

Vore fædre i det høje! (Our fathers up above), 1967, published in *Havekunst*, 48/1967: 136-143. Language: Danish

Mennesker til fods (People on Foot), 1968, published in *Arkiteken*, 20/1968: 429-446. Language: Danish

En gennemgang af Albertslund (A walk through Albertslund), 1969, published in *Landskap* 2/1969: 33-39. Language: Danish

Livet mellem husene (Life Between Buildings: Using Public Space), 1971, published by *Arkitektens Forlag*, Copenhagen; Language: Danish (with English summary)

Studier i Venedig (Studies in Venice), 1972, With study group, published in *Arkitekten* 16/1972: 317-332. Language: Danish

Skandinaverne og vejret (The Scandinavians and the climate) 1976, published in *Landskap* 2/1976: 37-41. Language: Danish

The Interface between Public and Private Territories in Residential Areas, 1977 with F. Brack and S. Thornton, University of Melbourne, Australia

Studier i Burano (Studies in Burano), 1978, with study group., published in *Arkitekten* 18/1978. Language: Danish

Gågaderne der snublede... (The stumbling pedestrian streets), 1981, published in *Byggekunst* (Norway) 3/1981: 140-143. Language: Danish

The Residential Street Environment, 1980, published in *Built Environment* 1/1980: 51-61

Hvor by og bygning mødes (Where city and buildings meet!), 1982, with Å. Bundgaard & E. Skoven, published in *Arkitekten* 21/1982: 421-438. Language: Danish

Gågaderne i Danmark (Pedestrian streets in Denmark), 1984, with L. Brandt & H. Juul-Sørensen, published in *Arkitekten*, 3/1984: 50-63. Language: Danish

Soft Edges in residential streets, 1986, published in *Scandinavian Housing and Planning Research*, 3/1983

Byliv 1986 (Public Life 1986), 1987, published in *Arkitekten*, 12/1987: 285-300. Language: Danish

Life Between Buildings: Using Public Space (First version in English), 1987, Van Nostrand Reinhold, New York

Bedre byrum (Improving Urban Spaces), 1991, with L.Gemzøe, B. Grønlund & S. Holmgreen, Dansk Byplanlaboratorium Skrifserie n.40. Language: Danish

Jakten på den goda staden (The hunt for the good city), 1991, published in *Arkitektur* (Sweden) 9/1991: 28-33. Language: Swedish

Make one city and make it a good one, 1992, published in *Plan Canada* May 1992: 31-34

Nyhavn – 10 år efter (Nyhavn -10 years later), 1993, published in *Arkitekten* 4/1992. Language: Danish

Fra Strøget til Strædet - 30 år med gågader i Danmark (From Strøget to Strædet -30 years of pedestrian streets in Denmark), 1993, published in *Arkitekten* 11/1993. Language: Danish

*Public Spaces Public Life—Copenhagen, 1996,*1996, with L. Gemzøe, The Danish Architectural Press, Copenhagen

Byens rum i Europa – og i Nordamerika, 1962-1996 (Public Spaces in Europe and in North America, 1962-1996) 1996, with L. Gemzøe, published in *Arkitektur* DK, 1/1996: 1-6. Language: Danish

Stadens form-stadens liv (City form – city life), 1997, in *Visioner av Kundskabsstaden*, Stadmiljørådet, Karlskrona, Sweden. Language: Swedish

"A Tribute to the Work of Jan Gehl and Lars Gemzøe", 1998, by Peter Bosselmann, University of California, Berkeley, USA, published in *PLACES*, Fall 1998

New City Spaces, 2000, with L. Gemzøe, The Danish Architectural Press, Copenhagen

Europas generobring (Reconquering Europe), 2002, in *Bykultur- et spørgsmål om stil,* Hovedstadens Forskønnelse, Copenhagen: 25-30

"Close Encounters with Buildings", 2004, with L. Kaefer & S. Reigstad, published in *Urban Design International* 2006. 11: 29-47 (originally published as "Nærkontakt med huse" in *Arkitekten* 9/2004: 6-21)

New City Life, 2006, with L. Gemzøe, S. Kirknæs, & B. Søndergaard, The Danish Architectural Press, Copenhagen

"Public spaces for a changing public life", 2007, published in *Open Space – People Space* in Topos, Calway, Germany

"Two Perspectives on Public Spaces", 2009, with A. Matan, published *in Building Research and Information*, 37(1), 106-109

Cities for People, 2010, Island Press, Washington D.C.

"For You Jane", 2010, published in Goldsmith & Elizabeth, *What We See: Advancing the Observations of Jane Jacobs*, New Village Press, Oakland

How to Study Public Life, 2013, with B. Svarre , Island Press, Washington D.C.

Documentary films

2000 *"Cities for people"("Livet mellem husene")* Manuscript: Lars Mortensen & Jan Gehl, Director: Lars Mortensen. TV documentary, 56 min., co-production for the national TV channels in Denmark, Sweden, Norway, Finland and Iceland. With English subtitles

2012 (Participated in) *"The Human Scale"* TV documentary. Director Andreas Dalsgaard

插图说明

Cover: photo: Sandra Henningsson

Chapter photos:

Chapter 1, Page xii: *Street scene from Cordoba, Argentina*. Photo:Jan Gehl

Chapter 2, Page 8: *Photographing a Melbourne Lane*, Photo: Anna Esbjørn

Chapter 3, Page 26: *Welcomming banner in Korea 1992*. Photo:Jan Gehl

Chapter 4, Page 46: *Collage with Copenhagen street scene*. Photos: Lars Gemzøe

Chapter 5, Page 70: *Signing books in China in 2004*. Photo: Eric Messerscmidt

Chapter 6, Page 102: *Collage, Street studies in Australia*. Photos: Gehl Architects

Chapter 7, Page 150: *Book promotion bag, Kracow, Poland*. 2015.Photo: Jan Gehl

Photo credits:

Authors: Page viii, ix, xi, bottom, 6 bottom left, 143 bottom, 144 bottom right, 145 bottom

Sandra Henningson: Cover, page 3

City of Perth History Centre Collection: Page 4 top, 6 top & bottom right

Public Space & Public Life, Perth 1994: Page 5, 6 top & bottom right

Other photographers: Page 34 bottom left

City of Copenhagen (former Stadsingeniørens kontor): Page 48 left

COBE Architects. Photo Rasmus Hjortshøj – COAST: Page 62

Alec S. Maclean, Landslides aerial photos: Page 65

POLFOTO: Page 67 bottom left

Nicolas T. Følsgaard: Page 67 top

Joachim Adrian/POLFOTO: Page 67

Eric Messerschmidt: Page 70

City of Sydney: Page 79, 122

Jens Rørbech: Page 83 left

Robert & Martina Sedlak: Page 91

Mikel Murga: Page 93, top

Kim Dirckinck-Holmfeld: Page 97

City of Melbourne: Page 100 right

Christine C. Finlay: Page 107 bottom

Grosvenor Estate, London: Page 117 middle & bottom

Thibah Consultants, Amman: Page 119 bottom

NGO Posters, New York: Page 126

DOT, Department of Transportation, City of New York: Page 127, 128, 129, 130

Toshio Kitahara, Chiba: Page 148 bottom

Astrid Eckert (photo©Astrid Eckert): Page 159

All other photos: Jan Gehl, Lars Gemzøe and Gehl Architects

扬·盖尔及其留学丹麦的中国学生捧着中国建筑工业出版社出版的扬·盖尔著作的中译本。所捧的中译本从左至右为《交往与空间》、《新城市空间》、《公共空间－公共生活》、《人性化的城市》。

注释

1 Jan Gehl personal communication. All Jan Gehl quotes without a reference are from personal conversations between Jan and the authors.

2 Jan Gehl, "Public Spaces and Public Life in Perth" (Report for the Government of Western Australia and the City of Perth. Perth, 1994), 9.

3 Ibid., v.

4 Ibid., 33

5 Charles Montgomery, *Happy City: Transforming Our Lives Through Urban Design* (New York: Farrar, Straus and Giroux, 2013), 147.

6 Ibid.

7 Jan Gehl and Ingrid Gehl, "Torve og pladser" ("Urban Squares"), *Arkitekten* 16 (1966): 317-329; Jan Gehl and Ingrid Gehl, "Mennesker i byer" ("People in Cities"), *Arkitekten* 21 (1966): 425-443

8 Charles Montgomery, *Happy City: Transforming Our Lives Through Urban Design* (New York: Farrar, Straus and Giroux, 2013), 150.

9 The article "Mennesker til fods" was published in *Arkitekten* 20 (1968).

10 Jan Gehl, *Life Between Buildings: Using Public Space* (New York: Van Nostrand Reinhold, 1971, 1987 English Translation ed.), 47.

11 Ingrid Gehl, *Bo-miljø* (Københave: SBi-Report 71, 1971).

12 Quote from a public lecture presented by Amanda Burden, as reported in Katharine José, (Producer). (2010, 17/09/10). "PlaNYC guru plays West Village: Gig is sold out", *Capital New York* (2010, 17 September), http://www.capitalnewyork.com.

13 Roberta Brandes Gratz, "Introduction: Authentic Urbanism and the Jane Jacobs Legacy" in *Urban Villages and the Making of Communities*, ed. Peter Neal , (London and New York: Spon Press, 2003), 17.

14 Jane Jacobs, *The Death and Life of Great American Cities* (New York: Random House, 1961, 2001 reprint ed.), 37.

15 Ibid. 110.

16 William Whyte, *The Social Life of Small Urban Spaces*, (Washington D.C.: The Conservation Foundation, 1980).

17 William Whyte, *City: Rediscovering the Centre* (New York: Doubleday. 1988).

18 Edward Hall, *The Silent Language* (New York: Anchor Book Editions 1973, 1959).

19 Edward Hall, *The Hidden Dimension* (New York: Doubleday, 1966).

20 Desmond Morris, *The Naked Ape: A Zoologist's Study of the Human Animal* (London: Jonathan Cape, 1967).

21 Jan Gehl and Birgitte Svarre, *How to Study Public Life* (Washington D.C.: Island Press, 2013), 60

22 Jan Gehl et al. "The Interface Between Public and Private Territories in Residential

Areas", a study by students of architecture at Melbourne University under the supervision of Jan Gehl, School of Architecture, Royal Academy, Copenhagen, ed. Freda Brack and Simon Thornton.(University of Melbourne, Loma Print, North Melbourne, 1977).
23 Ibid.
24 Ibid., 5.
25 Ibid., 2.
26 Jan Gehl and Birgitte Svarre, *How to Study Public Life* (Washington D.C.: Island Press, 2013), 101.
27 Ibid.
28 Simon Thorton, architect and co-author of *Interface between Public and Private Territories in Residential Areas* (Melbourne University, 1976).
29 Peter Newman and Jeffrey Kenworthy, *Sustainability and Cities: Overcoming Automobile Dependence*, (Washington D.C.: Island Press, 1999).
30 Ibid.
31 Ibid., 155.
32 Center for Public Space Research, "Public Space – Public Life" (English Summary) (Copenhagen: School of Architecture, The Royal Danish Academy of Fine Arts, 2002), 49.
33 Ibid., 43.
34 Centre for Public Space Research, "Public Space Public Life: Four Decades of Public Space Research at Kunstakademiets Arkitektskole". (Copenhagen: School of Architecture, The Royal Danish Academy of Fine Arts), 33.
35 Jan Gehl, *Life Between Buildings: Using Public Space*, English Translation ed., (New York: Van Nostrand Reinhold, 1987), 53.
36 Jan Gehl and Birgitte Svarre, *How to Study Public Life* (Washington D.C.: Island Press, 2013), 2
37 Ibid.
38 Jan Gehl and Lars Gemzøe, *Public Spaces and Public Life*, (Copenhagen: The Danish Architectural Press, 1996), 11.
39 Ibid., 40.
40 Ibid., 59.
41 Jan Gehl, Lotte Johansen Kaefer and Solvejg Reigstad, *Close Encounters with Buildings* (Copenhagen: Centre for Public Space Research/Realdania Research, Institute for Planning, School of Architecture, The Royal Danish Academy of Fine Arts, 2004). Originally published as "Naerkontakt med huse", *Arkitekten* 9 (2004). ed.
42 Jan Gehl, Lars Gemzøe, Sia Kirknæs, and Britt Søndergaard, *New City Life* (K. Steenhard, Trans.), (Copenhagen: The Danish Architectural Press, 2006).
43 City of Copenhagen, "Metropolis for People: Visions and Goals for Urban Life in Copenhagen 2015" (Copenhagen: City of Copenhagen, 2009).

44 City of Copenhagen, "Urban Life Account - Trends In Copenhagen's Urban Life 2013," (Copenhagen: Technical and Environmental Administration, City of Copenhagen, 2013), http://kk.sites.itera.dk/apps/kk_pub2/pdf/1258_0B5eEF1cF5.pdf.

45 Athlyn Cathcart-Keays and Tim Warin, "Story of Cities #36: How Copenhagen Rejected 1960s Modernist 'Utopia'", *The Guardian*, http://www.theguardian.com/cities/2016/may/05/story-cities-copenhagen-denmark-modernist-utopia.

46 In 2015, it was ranked the world's most liveable city by the Economist Intelligence Unit's liveability survey for the fifth year in a row, receiving 97.5 points out of a possible 100 for health care, education, stability, culture and environment and infrastructure among 140 cities.

47 Jan Gehl, Birgitte Bundesen Svarre and Jeff Risom, "Cities for People", *Planning News*, 37, 4 (2011): 6-8.

48 Mitra Anderson-Oliver , "Cities For People: Jan Gehl", Assemble Papers, (2013), http://assemblepapers.com.au/2013/06/13/cities-for-people-jan-gehl/.

49 Robert Adams, "Reprogramming Cities for Increased Populations and Climate Change", in Esther Charlesworth and Robert Adams (ed) *The EcoEdge: Urgent Design Challenges in Building Sustainable Cities* (Oxon and New York: Routledge), 30-38.

50 Matthew Carmona, "The London Way: The Politics of London's Strategic Design", essay in David Littlefield (ed) *London (Re)Generation*, Architectural Design special issue ed. *London (Re)Generation* 82:1 (2012), 38-39.

51 Gehl Architects, "Towards a Fine City for People: Public Spaces and Public Life – London 2004", (Copenhagen: Gehl Architects, Report for Transport for London and Central London Partnership, 2004).

52 Ibid., 5.

53 Gehl Architects, "Public Spaces Public Life Sydney 2007", (Copenhagen: Gehl Architects, report prepared for the City of Sydney, 2007).

54 New York City Department of Transportation, "World Class Streets: Remaking New York City's Public Realm," (New York: New York City Department of Transportation, 2008). p. 3.

55 Ibid. And Peter Newman and Jeff Kenworthy, *The End of Automobile Dependence: How Cities are Moving Away from Car Based Planning* (Washington D.C.: Island Press, 2015).

56 New York's Summer Streets is modelled after Bogotá, Colombia's Ciclovia and Paris, France's Paris Plage. These programs are now found all over the world, including in Delhi, India.

57 The City of New York, Summer Streets, http://www.nyc.gov/html/dot/summerstreets/html/home/home.shtml.

58 The City of New York, Bicycling in New York City (New York City Department of Health and Mental Hygiene, 2015), http://www.nyc.gov/html/doh/html/living/phys-bike.shtml.

59 New York City Department of Transportation, "Measuring the Street: New Metrics for 21st Century Streets" (New York: City of New York, 2012).

60 Janette Sadik-Khan as quoted in Lisa Taddeo, "The Brightest: 15 Geniuses Who Give Us Hope: Sadik-Khan," *Urban Reengineer Esquire* (2010).

61 Gehl Architects, "Moscow: Towards a Great City for People, Public Space Public Life 2013" (Copenhagen: Gehl Architects, 2013).

62 City of Perth, City of Perth Council Meeting Minutes, 16 September, 2008 (Perth: City of Perth, 2008), 44.

63 Metropolitan Redevelopment Authority, "MRA Central Perth Redevelopment Scheme" (Perth: MRA, 2012), 21, http://assets.mra.wa.gov.au/production/2661e75f-f4441a3f09b1bb9f55e93612/central-perth-redevelopment-scheme.pdf.

64 M. Robinson, "Gehl Plans Left to Gather Dust", The Adelaide Review, August 2005.

65 Peter Newman and Jeff Kenworthy, *The End Of Automobile Dependence: How Cities Are Moving Beyond Car-Based Planning* (Washington D.C.: Island Press, 2015).

66 Ray Oldenburg, *The Great Good Place: Cafés, Coffee Shops, Community Centers, Beauty Parlors, General Stores, Bars, Hangouts, and How They Get You Through the Day* (New York: Paragon House, 1989).

67 Jan Gehl, "Public Spaces for a Changing Public Life" (Draft, personal papers, 2006).

68 Jan Gehl, Lars Gemzøe, Sia Kirknaes and Britt Sondergaard, "How to Revitalize a City", Project for Public Spaces, http://www.pps.org/reference/howtorevitalizeacity/.

69 Jan Gehl, Lars Gemzøe, Sia Kirknæs, and Britt Søndergaard, *New City Life* (K. Steenhard, Trans.), (Copenhagen: The Danish Architectural Press, 2006), 14.

70 Anne Matan, *Rediscovering Urban Design Through Walkability: An Assessment of the Contribution of Jan Gehl*, (Ph.D.), (Perth: Curtin University, 2011), 328.

71 Jan Gehl, *Cities for People* (Washington D.C.: Island Press, 2010), 29.

附录*

2016 年 10 月 29 日扬 · 盖尔于北京 798 艺术区的丹麦文化中心举办“5 步提升城市品质”设计方法讲座和《公共生活研究方法》中文版的新书发布仪式。丹麦文化中心同时举办“转变思维模式”与“提升城市品质”展览。

扬 · 盖尔先生在讲座现场

扬 · 盖尔先生在举办的小型研讨会上进行讲座

扬 · 盖尔先生在举办的小型研讨会上进行讲座

扬 · 盖尔先生在举办的小型研讨会上进行讲座

* 本部分为中文版新增内容，全部照片经丹麦文化中心授权使用。